Savorovoro politika miverimberina: inona no fanefitra?

-Korontana politika sy Tenim-pirenena-

Denis A.H. ANDRIAMANDROSO

Asasoratra mifandrohy amin'ity boky ity, toy ny "toko telo mahamasa-nahandro":

- "Miainga Ifotony" (2010) : «Mbola vitako fa aza isalovanonao sa aleo ho raisiko an-tànana fa tsy zakanao ?» - Contexte diplomatique, Principe de subsidiarité et Résolution de Conflits Politiques-

- Kintana tiliana sy Kintana Fanilo. Fanafodin'ny Fisavorovoroana politika miverimberina eto Madagasikara (*eo am-pandrafetana*)

Malagasy aho, Malagasy ianao
I Madagasikarako, Madagasikaranao,
Ndao isika hiaraka, fa ts'ifandao

Tsy misy fahavaloko tsy fahavalonao
Afa-tsy ny fahantrana, mianjady amintsika izao
Koa ny kivikivy dia ràna
Ataovy faneva hatrany ny fanantenana

Mijoroa, mitsangana,
Mitambara,
Fa miandry anao (i) Madagasikara

"Ho anao ry Tanindrazako"
Daha, marsa 2009

FANOROANA PEJY

FANAFOHEZAN-TENY

CCC	Komity Fakankevitra momba ny Lalampanorenana
CCI	Ivotoerana fandraisana Fivoriana Iraisam-pirenena
CNOSC	Coordination Nationale des Organisations de la Société Civile
CST	Conseil Supérieur de la Transition (Antenimierandoholon'ny Tetezamita)
CT	Congrès de la Transition (Antemierampirenen'ny Tetezamita)
ESCOPOL	Espace de Concertation des Partis et Organisations Politiques Espace de Convention des Partis et Organisations Politiques (marque déposée)
FFE	Fondation Friedrich Ebert
FM	Firenena Mikambana
ICC	International Criminal Court
IMF	Tahirim-bola Iraisam-pirenena
OIF	Organisation Internationale de la Francophonie

OMS	Sampan'ny FM momba ny Fahasalamana
ROI	Revue de l'Océan Indien
WTO	Fandaminana Iraisam-pirenena momba ny varotra
FIMPIMA	Fikambanan'ny Mpikabary Malagasy
PSD	Parti Social Démocrate
SADC	Southern African Development Community
SEFAFI	Sehatra Fanarahamaso ny Fiainam-pirenena
SMS	Short Message Service
UK	United Kingdom

TENY FISAORANA

Am-panajana sy am-panetre-tena no isaorana an'ireo rehetra nanampy tamin'ny fanatontosana an'ity asasoratra fandalinana ity. Matahotra an'Andriamanitra ny Malagasy koa ny voaloham-pisaorana dia atolotra Azy. Ny manaraka dia i Ikaky sy i Neny izay nitaiza tamin'ny soatoavina Malagasy sy ny hanitry ny teny Malagasy voaravaka ohabolana sy hainteny, ka nianarana ny hoe "izay adala no toan-dRainy" na koa "ny mandoro zava-maitso mahafaty tanora". Tsy dia azo loatra ny halalin'ireo ohabolana ireo fony mbola kely, kanefa rehefa hiverenana amin'ny fahalebiazana dia hita mifono hevitra mafonja sy mijery lavitra.

Lanja-miakatra tokoa ny fiainana, koa dia nirian'ny Ray aman-dreny ny hahatafita ambonimbony kokoa ny zanany raha miohatra taminy. Etsy an-daniny, zava manana aina sy mitombo toy ny tanora ny zava-maitso koa maninona tokoa moa no ho dorana; mety misy azonao atao sakafo androany izy ireny; mety misy ilaina aho azy rahampitso; ny tontolo iainana rahateo mila azy amin'ny famelonana ny tany sy ny fiazonanan'ny rano mahavelona.

Koa dia misaotra ny ray-aman-dreny nampilòna tao amin'izany fahendrena sy soatoavina Malagasy izany; hany ka na tsy nianarana tany am-pianarana aza ny teny Malagasy dia raiki-tapisaka tao anatin'ny saina, koa lasa naneno sy nandrotsirotsy toy ny mozika mahafinaritra rehefa notinapaka hanoratana ny asasoratra. Efa fantatra dieny mialoha fa ho sahirana dia ho sahirana noho ny tsy ny nianarana na ny rafin-teny na ny fitsipi-pitenenana, kanefa dia niniana natao satria Madagasikara no voakasika ary

Malagasy no hiresahana. Ary iza indray moa no hanao fanamby hiteny sy hampiasa ny teny Malagasy, hikojakoja azy toy ny volamena, fa tsy isika tompon-teny, isika Malagasy? Ka izany no isaorako mitafotafo ireo rehetra namporisika ahy tsy ho kivy fa hamita ny fandalinana amin'ny teny Malagasy ranoray hatrany amin'ny farany. Fantatro fa ny an-kabeazan'ny avara-pianarana sy ny kingalahy politika dia mbola zatra mampiasa teny vahiny, koa ho fanamorana ny famakiany an'ity asasoratra ity, dia nasiana dikan-teny vahiny eo akaikin'ny voambolana teknika Malagasy. Fisaorana lehibe koa no hasetry an'ireo tapaka sy namana, ankohonana namaky sy nanitsy ny voasoratra. Tena nanampy lehibe teo amin'ny fianarana manoratra amin'ny teny Malagasy ianareo, koa mbola misaotra dia misaotra anareo.

Fisaorana sy fankatelemana koa ho an'ny Akademia Malagasy sy ny Filohany Dr. RAJAONA ANDRIAMANANJARA nanome sehatra ifanakalozana ka nahazoana hevitra manatsara ny efa vita. Ary mankasitraka ny Ambasadaoro RAJEMISON RAKOTOMAHARO, Filohan'ny Antenimierandoholona teo aloha, nanome voninahitra amin'ny teny fanolorana sy tsetratsetsa tsy aritra.

TENY FANOLORANA

Ny Voalohanteny dia *fialantsiny* (na dia tsy tian'ny olona sasany, indrindra fa ny fiarahamonina tandrefana aza izany ankehintriny Ny ahy kosa tsy maintsy lazaiko fa mariky ny Soatoavina malagasy ny fifanajana : ny miala tsiny raha handray fitenenana) tamin'ny fampiandrasana ela be izay vao afaka nanoratra taminao aho mikasika ny fandalinana an-tsoratra izay nataonao ity nandritry ny volana maro sahady izao.
Ny antony dia ireto zava-doloha ireto :

1/ Lalina laotra ny fanadihadiana nataonao ary tena nandanianao roandoany ka tsy azo
tsotsorina ny famaliana azy.
2/ Mifantoka akaiky dia akaiky amin'ny fiovaovan'ny toe-draharaha ara-politika sy ara-piara-monina ara-pomba tena Malagasy ny votoanton'ny famakafakana vitanao. Noho izany indrindra dia mba niandry izay ho vokatry ny fandraisana andraikitra voalohany noraisin'ny Fanjakana Tetezamita ny tenako. Nanantena fa ao arinan'ny Fitsampankevibahoaka farany teo dia mba hiroso marina amin'ny fahalemana amin'izay ny fianam-Pirenena amin'ny ankapobeny.

Tsy ny vokatry ny Fitsapa-kevi-bahoaka akory no nandrasako satria fantantsika fa teto Madagasikara dia mbola tsy nandresy ny TSIA tami'izay Fitasampankevibahoaka natao teto amin'ny Firenena Malagasy nandritry izay 50 taona izay.

Tsy ilay fahalemana mankany amin'ny fivoahana amin'izao

fahasahiranana izao anefa no nitranga fa ny androtry ny fifidianana indrindra no nanao fikomiana ny ampahan'ny Manamboninahitra Jeneraly sy Manamboninahitra ambony tao amin'ny Tafibahoaka teny Ivato. Ny ampitson'iny nanao fihetsiketsehana ihany koa ny fikambanan'ny Ben'ny Tanàna teto Analamanga teo anoloan'ny Tranofampisehoana Raraihasina Analakely.

Dia lasa eritretritra ihany ny tena hoe rahoviana ihany zany vao tena ho tafavoaka isika Malagasy raha toa izao foana no hitranga eto ? Nefa vao dingana voalohany amin'ireo fepetra izay noheverin'ny fitondrana raisina iny Fitsapa-kevi-bahoaka iny.

Koa dia tsy hiandry inona intsony aho fa ela niandrasana ianao ka izay no nahatapakevitra ahy hanolotra anao izay mba « tsetratsetra tsy aritra ».

Teny Fampidirana

Sadaikatra ihany ny tenako raha hiresaka momba an'ity asasoratra goavana nataon'ny Mpanoratra ity. Kanefa na izany aza dia tsy afaka ny hangiana ihany koa satria mikasika ny Raharaham-pirenena izy ity. Noho izany indrindra no mba andraisako anjara biriky kely amin'ny maha Olom-pirenena Malagasy aho voalohany indrindra sy amin'ny maha-pinamana akaiky ahy amin'ny Mpanoratra no antony faharoa. Fa hoy ny Tenin'ny Soratra Masina hoe « Fa ny Rahalahy mandranitra ny tavan'ny Rahalahy ». Koa dia manolotra ny fisaorako dieny mialoha ny Mpanoratra aho nanaiky hamaky izay mba kely azoko entina amin'alàlàn'ity « Tsetsatsetsa tsy aritra » ity.

Fiarahabana

Mino aho fa efa betsaka ireo izay teo alohako no efa niarahaba manokana an' Andriamatoa Denis A.H ANDRIAMANDROSO amin'izao nahavitany ity fandalinana sy fikarohana ity izao. Nefa dia mamelà ianao Andriamatoa Mpanoratra Mpikaroka hiarahaba anao manokana indray amin'izany satria tsy afaka ho jerim-potsiny toy ny tany nahalavoana ny asasoratra sy fikaroahana vitanao. Tsy ampy ny teny entiko hilazana izany hafaliam-poko izany. Izaho koa anefa tsy te hanao bingo manao matso ka hisalovana ny anjaran'ny sasany ; satria araky ny efa fantatra dia efa nentiny nanaovana famelabelaran-kevitra teo anoloan'ny Akademia Malagasy ity fandalinana vitan'ny Mpanoratra ity. Tsy afaka hiseho ho hahay mihoatra noho ireo Manampahaizana Manokana momba ny asasoratra ao amin'io Antenimiera io ny tenako.

Ety amboalohany izany dia miala tsiny aho raha toa ka mety hamerina izay efa voalazan-dry zareo manampahaizana ireo na koa mety misy hevi-baovao izay mety hifanohitra amin'izay efa nambaran'olon-kafa ihany koa izay efa namaky ity lahatsoratra ity tamin'ny sehatra hafa. Fa izay indrindra angamba no lafintsarany tokony hijerena sy handraisana ny hevitry ny tsirairay avy fa hoy ny ohabolantsika tokoa mantsy hoe « ny hevitra ny maro mahataka-davitra fa ny hevitry ny vitsy manodidina ny fatana na koa hoe ny hevitry toa ny tera-bary ka samy mamaoka izay ao am-pony », izany hoe afaka maneho ny heviny daholo ny rehetra ary voankazo an'ala izy ireny ka « izay mamy hatelina fa ny mangidy kosa haloa ». Izay no tsetratsetra tsy aritra tiana ho soritana dieny mialoha. Fa tsy latsa- danja noho izany koa anefa ireto fanamarinana izay mila tsipihina manokana ireto .

Fahasahiana

Zavatra manaitra voalohany aloha dia ny « fahasahiana » nanan'ny Mpanoratra nanao ity fanadihadiana ity dieny mbola ao anatin'ilay fotoana hiaianana ny toe-draharaha mitranga. Fahasahiana ihany koa dia Malagasy no manoratra fa tsy vahiny intsony. Maromaro ihany mantsy ny lahatsoratra na an-gazety, na boky gazety (*revue*) na tatitra izay mitantara ny zava nitranga teto amintsika tato anatin'izao fotoam-pahasahiranana diavin'ny Firenenena malagasy izao. Fa dia ny ankabeazany, raha tsy izy rehetra mihintsy aza, dia saika Vahiny daholo no nanoratra. Farany indrindra mba novakiako izao dia tatitra (*rapport*) nataon'ny « *International Crisis Group* » - *Working to Prevent Conflict Worldwide* » mitondra ny lohateny hoe : « MADAGASCAR : LA CRISE A UN MOMENT CRITQUE », Rapport Afrique n°166 du 18 Novembre 2010.

 Ho ahy manokana aloha dia sambany misy Malagasy sahy nijoro manadihady avy hatrany ny zava-nitranga marina. Niarahantsika nahatadidy fa sarotra ihany ho antsika Malagasy ny manoratra na manao fanankianana ny Fitondrana nisy hatramin'izay, indrindra moa fa raha mbola eo am-perinasa mihintsy ilay Fitondrana.

Fotoanany

Ny mampiavaka ihany koa ity fanadihadiana ity dia mbola ao anatin'ilay fotoana diavina dia efa manao ny fandalinana ny Mpanoratra. Ho antsika miaina an'ilay vanim-potoana ankehitrihiny angamba mety mbola tsy mahatsapa tsara ny mahasarobidy io « vanimpotoana » nanoratan'ny Mpanoratra io. Fa ho an'ny taranantsika aoriana kely ao dia ho tsapan'izy ireo tokoa ny maha zava-dehibe ny rakin-tsoratra toy izao izay vita ara-potoana mandritry ny hisehoan'ilay zava-manahirana.

Ny maha sarobidy ity fandalinana ara-potoana ity mantsy
dia mba tsy ho sanatrian'izany hanao sahala amin' ny
« Raharahan'ny 29 mars 1947 » izay nisy olo-malaza
mpampianatra mpikaroka na Malagasy na Vahiny nanoratra
ihany koa, na boky, na gazety, na tantara an-tsehetra, fa dia
napetraka foana hatramin'izao anatin'ilay hoe « ZAVA
MIAFIN'NY 47 » ?? Izany hoe 63 taona aty aoriana izany dia
mbola zava-miafina ho an'ny Malagasy foana ny zava-
nitranga tamin'ny 29 Mars 1947, izay vanim-potoana
sarobidy raiketin'ny tantaram-pirenena Malagasy. Soa fa
mba nanaovana tsangambato manerana ny Tanan-dehibe eto
Madagasikara, ny fahatsiarovana an'ireny maritioran'ny
Firenenana ireny. Izay no tiako tsipihina manokana eto ny
hoe tombontsoa lehibe ho antsika dieny izao, dia afaka
manadihady sahady, ny zavatra nitranga marina fa tsy
hiandry 50 na 60 taona manaraka indray vao hikaroka sy
handalina an'i Maputo, na Addis-Ababa, na Pretoria, na
toeran-kafa indray. Sanatria anie izany !

Toerana sy sehatra tokony hampielezana azy
Araky ny efa voalaza tery ambony dia tany amin'ny
Akademia Malagasy no nanaovan'ny Mpanoratra
famelabelarana an'ity fandalinana nataony ity. Tena rariny
sy hintsiny izany satria tsorina fa avo lenta ihany koa ny
dinika ka tsy ny sarambambem-bahoaka akory no mety
hafaka handray azy avy hatrany. Nefa amiko manokana dia
tokony nisy toerana hafa koa tokony nanaovana an'ity
famakafakana ity ary ny voalohany amin'ireny dia tamin'
ireny dinika isan'ambaratongany ireny, nanomboka
tamin'ny « Dinika Santatra » izay natao nanerana ny Nosy ka
niafara tamin'ny « Fihaonambem-pirenena » tamin'ny
volana oktobra 2010 farany teo.

Ny antony hilazako izany dia mba efa nanana « haizatra »
kely (fa tsy « traikefa » hoatry ny fitenin'ny sasany azy :

expériences no tiana ho lazaina eto) tamin'ny « fihaonambem-paritra » na *Conférences Régionales,* izay natao nanerana ny Nosy ihany koa tamin'ny volana jiona 2009. Tamin'ny Fiahaonambem-paritra teto Analamanga ohatra, dia voatendry ho nitarika ny « Vaomieran'ny Fampihavanam-pirenena ny tenanay. Na dia betsaka azy ny nanahy tamin'izay fa ho henjana ny dinika tao satria loabary an-dasy ilay izy, dia ampanetren-tena no ilazana etoana fa anisan'ny Vaomiera nilamina indrindra io. Izany akory tsy milaza fa mora ny adi-hevitra tao fa tena henjana tokoa. Fa rehefa natao am-pahendrena sy am-panajana ka samy afaka naneho ny heviny amin'ny teny Malagasy mazava rano iray fotsiny, fa tsy nisy teny vary amin'anana satria sokajin'olona samihafa no tao : hatrany amin'ny olona « ambanin'ny tanàna » (hoy ny fitenin-jatovo) ka hatrany amin'ny mpampianatra mpikaroka teny amin'ny oniversite, ary mazava ho azy ny solontenan'ny mpanao politika sy ny sendikà isan-karazany no sokajin'olona nandray anjara tao amin'ny vaomiera.

Herin-taona mahery taty aoriana moa vao no tanterahina ny Fihaonambem-pirenena, ka nanjary nisy fahatapahany ilay hafanampo nisy tamin'izay (volana jiona 2009) . Satria dia fantantsika tsara fa tao aorian'izay no nandraisan'ny Fiombonambe iraisampirenena ny raharaha dia izao hitantsika hatramin'izao no vokany. Fa mba tsy hahakivy ny mpanoratra dia ireto misy soson-kevitra vitsivitsy mikasika ny toerana hafa.

Soson-kevitra momba ny toerana hafa tokony hanaovana famelabelaran-kevitra (fa tsy valan-dresaka toy ny filazana azy mahazatra andavanandro) na fanadihadiana mikasika an'ity asasoratry ny Mpanoratra ity:

- Ao ireo toeram-pampianarana ambony miankina sy tsy miankina amin'ny Fanjakana manerana ny Nosy fa tsy eto Antananarivo ihany izay manao fikarohana momban'ny teny Malagasy na ny tantarampirenena toy ao amin'ny Faculté des Lettres eto Antananarivo sy any amin'ny Faritra hafa ohatra
- Ao ireo sampana manao fikarohana momba ny Tantara sy ny Sivilizasiona FACDEGS eto Antananarivo, Toamasina, Fianarantsoa sns., ao amin'ny sampana Aram-piarahamonina na Lalàna : histoire des Institutions ohatra
- Ao ny Centre Etudes Diplomatiques et Stratégiques (CEDES), ny ENAM, CNEFA, AKADEMIA MIARAMILA
- Ao ireo Foibe ara-tsainan'ny Masoivoho vahiny eto amintsika toy ny Fondation Friedrich Ebert (FFE) izay mampanao fiofanana manokana ho an'ny Tanora Malagasy mba ho Lasa Mpitarika (Leader) ara-pitondrana eo amin'ny fiaraha-monina, na eo amin'ny lafiny fitantanana orinasa, fa indrindra eo amin'ny lafiny ara-politika.

Misy fandaharana ara-potoana fanaon'ny FFE isan-taona manao hoe : « *Youth Leadership Training Program* » antsoina koa amin'ny fanafohizan-teny hoe « YLTP ». Nandritry ny fiofanana taona 2009-2010 ohatra, dia vao taloha kelin'ny Fihaonambem-pirenena iny dia nisy famelabelaran-kevitra (*conférence*) nampanaovin'ny FFE ka, Manampahaizana ara-politika tany ivelany (Filohan'antoko politika) iray, sy Mpampianatra Mpikaroka sady Mpanao gazety mpanadihady ara-politika teny amin'ny Oniversiten'Antananarivo no nasaina manokana tamin'izany, nanao famelabelaran-kevitra momban'ny « *Conférence Nationale* ».

Amiko toerana manokana toy ireny no tsara ihany koa hanaovana fiaraha-midinika amin'ny Tanora Malagasy toy izay hofanina ao amin'ny FFE. Sao hisy hiteny indray any ambadika any fa hoe miala amin'ny fanajahana ara-tsaina amin'ny frantsay dia miditra amin'ny fanajanahan-tsaina alèmana indray ? Tsia ! Amiko dia tsy tokony amin'ny lafiny ara-pirenena intsony no tokony hijeren-tsika izay mahasoa antsika, fa ny fitadiavana vahaolana maharitra mba hisian'ny tena fiovana marim-pototra eto amintsika.

Ao ny holafitry ny Mpanao gazety eto an-toerana, izay heveriko fa tena mila dia mila azy ity mba tsy vaovao « tselatra » (*flash d'information*) fotsiny no hamoahana azy, fa mba ho fisarihan-tsaina sy fandalinana ho an'ny Mpamaky koa sy ireo Mpanao fikarohana hafa.

Ao koa ireo toerana hafa izay mety tsy tonga ato an-tsaina amin'izao fotoana izao ny fitiliana azy ireny.

Ny tiana hahatongavana, dia aleo aloha mba homena laharam-pamehana ny tanora malagasy manokana sy ny Malagasy amin'ny ankapobeny, fa tsy hanao hoatran'ny

Fihaonambem-pirenena ka ny any ivelany indray no hahafantara azy mialoha ; fa izay isika vao tonga amin'ny fitenenana hoe « manenitra ivelany » ihany, sanatria anie izany.

Fa hiverina amin'ny vontoanton-dresaka voalaza tery aloha aho hoe, tokony tamin'ny Fihaonambem-pirenena iny no nanaovana famelabelarana an'ity famakafakana ity, satria dia mahasahana lafin-javatra maro izy ity raha ny lafiny ara politika fotsiny aloha no dinihana. Kanefa moa tsy ny resaka politika fotsiny no nanaovan'ny mpanoratra famakafakana, fa ny hifandraisan' ny Teny Malagasy sy ny Politika.

Ny « lahadinika » izay natolotry ny Mpanoratra ho antsika tokoa mantsy dia hoe : « *Ny Politika sy ny Teny Malagasy : Afaka isorohana ny Savorovoro politika miverimberina eto Madagasikara ve ny Teny Malagasy ? »*

Eto dia miala tsiny amin'ny Mpanoratra ny tenako raha somary avadiko kely ny fandaharana azy. Koa mamelà hampiditra mialoha ny momba ny Teny Malagasy. Sanatria tsy hanao fampitoviana amin'izay voalazan 'ny Teny Soratra Masina akory izay manao hoe « Fa tamin'ny voalohany ny Teny …. ». Fa entina kosa hampatsiahivana fa amin'ny Malagasy dia ny Teny no « Boky voalohany nifampitana ny Tantara », fa tsy nisy Mpanoratra boky na tantara izany ny tena Malagasy fa dia ao ilay fitenena hoe « araky ny lovan-tsofina », mba entina hialana amin'izay mety ho fandikana na fampitana diso ny tian-kolazaina, dia izay no hatao fialantsiny matetika. Izay no mahatonga antsika Malagasy hoe niainga avy amin'ny Sivilizasiona am-bava (*Civilisation orale*) no niaingan-tsika fa tsy soratra voapetraka. Fa ankehitriny kosa dia tsy afaka miala amin'izay voasoratra intsony isika, ka manaraka ny fanatontoloanan'ny sivilizasiona voatantara an-tsoratra.

Vita soa aman-tsara ny Fihaonambem-pirenena ary hisaorana an'ireo Ray aman-dReny Mijoro sy ireo rehetra izay nanomana azy iny, satria dia maso niara nijery sy saina niara nandinika isika rehetra izay nandray anjara tamin'iny Fihaonana lehibe iny, satria raha tsy diso ny fitadidiko dia iny no « fikaonan-doha » nahavoriana olona marobe indrindra teto Madagasikara niisa manodidina ny 5000 ny mpandray anjara farany, raha 2000 no noheverina fa hasaina handray anjara tamin'izy iny. Raha hifarana ny Fihaonambem-pirenena, izay natao ho an'ny Malagasy rehetra manerana ny Nosy ary Malagasy daholo no tao, (ny tenanay dia nahafantatra fa nisy vahiny iray manana ny toerany manokana satria dia Loholona any amin' ny firenena iray izy io, no sady Filoha-lefitra ihany koa ao amin'ny Parlementa Eraopeana), dia ny tena nanaitra ny mpandray anjara araky ny efa noantitranterin'ny Mpanoratra rahateo moa izany, ao anatin'ny asarorany, dia ny namakiana ny fehin-kevitra rehetra tamin'ny teny frantsay avy hatrany (izaho mino fa maro tamin'ireo mpandray anjara nanatrika ny fotoam-pamaranana iny no tsy mahafehy tsara ny teny frantsay, sady tsorina koa fa ny voambolana nampiasaina tao koa dia sarotra ihany satria voambolana mahazatra an-dry zareo manam-pahaizana manokana momban'ny raharaha iraisam-pirenena no nentina nitondrana azy, ka heveriko fa nanampy trotraka ny tsy fahazahoana azy tanteraka avy hatrany.

Ny teny fanazavana mialoha nataon'ny mpamaky ny fehin-kevitra moa dia hoe « natao amin'ny teny frantsay izy ity, satria maika halefa any amin'ny Fihombonambe Iraisampirenena ». Roa volana aty aoriana mametra-panontaniana ny tenanay : « mba aiza ho aiza re ny fanaparihana an'ireny fehin-kevitra navaoka tamin'iny Fihaonambem-pirenena iny e ? Tena lalimpaka sy azon'ny

Malagasy 20 tapitrisa ve ? Nahazahoany tsara ny andraikitra tokony ho raisiny ve tamin'ny Fitsapa-kevim-bahoaka natao tamin'ny 17 novembra 2010 teo ? » Mipetraka amin'ny toeran'ny Mpanoratra ka mametra-panontaniana hafa hoe : « Raha navoaka avy hatrany amin'ny teny Malagasy re ireny fehin-kevitry ny Fihaonambem-pirenena ireny, dia nanao ahoana ny vokany e ? » Antsika rehetra no mamaly azy araky izay handraisantsika tsirairay avy azy.

NY TENY MALAGASY

Toy ireo « tsetratsetra tsy aritra" voatanisa teo aloha rehetra, dia lasam-pisainana manokana ny tenanay raha nahita fampitan-kevitra (amin'ny teny frantsay) iraisam-pirenena izay mampiseho fanadihadiana mikasika ny fitenim-pirenena maneran-tany ary mikasika manokana ny Firenena aty amin'ny tapany atsinanan´izao tontolo izao ary ao anatin'izany i Madagasikara. Io fampitan-kevitra io dia manazava ny fiandohan'ny Fitenim-pirenena avy, izay sokajiana ho telo lehibe dia ireto avy izany : Ny FIANAKAVIAMBE ITAMBARAN'IREO SOKAJY TELO IREO DIA AO ANATIN'NY FIANAKAVIAMBE antsoina hoe « *LA FAMILLE AUSTRONESIENNE* ». Io Fianakaviam-be io indray izany mizara sokajy (*groupe*) telo hafa koa dia ny hoe :

1/ MALAYO-POLYNESIEN OCCIDENTAL antsoinan koa hoe « INDONESIEN »
2/ MALAYO-POLYNESIEN CENTRAL
3/ MALAYO-POLYNESIEN ORIENTAL

Mino aho fa efa fantatry ireo Mpikaroka momban'ny teny Malagasy ao amin'ny Akademia Malagasy ihany izy ireo. Fa ho an'ny tsy mahalala tsara kosa matetika dia mihonona fotsiny amin'ny hoe, ny teny Malagasy dia avy amin'ny teny Malaysiana. Dia io foana no voizina sy haparitaka fa ho teny niavian'ny teny Malagasy. Ireo sokajy telo lehibe voalaza ery ambony ireo dia mizara indray ho zana-tsokajy (*sous-groupe*) : ka ny antsika Malagasy manokana dia ao anatin'ilay zana-tsokajy antsoina hoe : « MALAYO –POLYNESIEN OCCIDENTAL » no misy ny Teny Malagasy, ary miisa 200 ny tenim-pirenena miainga amin'io sokajin'ny MALAYO – POLYNESIEN OCCIDENTAL io. Misy zana-tsokajy telo koa ao ambanin'io MALAYO-POLYNESIEN OCCIDENTAL io, dia ireto avy izany :

1/ CHAMORO PALOSIEN
2/ MALAIS INDONESIEN na BAHASA INDONESIA
3/ MALGACHES ET VARIANTES

Araky ny teny fampidirana nataon'ny Mpanoratra ny lahadinika izay nanaovany famakafakana moa, dia tsy nataony hanaovana fanadihadiana mikasika ny Teny Malagasy akory no votoatin' ity asasoratra ity, fa mampiditra fotsiny ny ifandraisan'ny Teny Malagasy sy ny Savorovoro Politika miverimberina. Noho izany tsy ny tenanay indray no hampivaona ny resaka eto fa « tsetratsetra tsy aritra » fotsiny ihany enti-milaza fa tena manana ny maha-izy azy tokoa ny « Teny Malagasy », satria dia araky izay hitantsika teo aloha teo, dia miavaka mihintsy izy fa tsy natao « fantsimbe-mantsina » ao anaty fatrambary iray. Angamba samy hiaiky an'izany isika rehetra fa Tenim-pirenena manana ny maha-izy azy tokoa ny Teny Malagasy matoa navahana tao anatin'ny Tenim-pirenena mihoatra ny 200. Antsika no mieritreritra ny tokony hametrahantsika tsara amin'ny toerana maha izy azy ity Tenim-pirenantsika ity, izay manana ny hasiny sy sasananginy miavaka amin'ny an'ny hafa. Raha izay no Teny Malagasy miainga ifotony, dia ahoana kosa ny fivoarana sy ny fampiasa azy ankehitrihiny.

Eto koa dia tsy hitanisa na hanao fampianarana fitsipi-pitenenana manokana ny tenanay, fa mba te hampifandray fotsiny izay mba kely fantatray mikasika ny fifandraisan'ny Teny Malagasy sy ny Savorovoro ara politika. Tsy handeha lavitra amin'izany ny tenanay fa mba hitsongo fitenena vitsivitsy ao anatin'ny maro ny voambolana nipoitra avy amin'ireny savorovora politika ireny.

Tamin'ny taona 1972 ohatra, dia nalaza nampiasaina ny hoe « rotaka ». Hatramin'ity ny androany dia mbola ampiasain'ny Malagasy manerana ny Nosy io teny io, raha toa ka ny teto am-povoan-tany ihany no nampiasa tamin'ny voalohany. Any ka raha vao misy savorovoro miseho kely na tsy ara-politika aza fa ohatra misy adiady eny amin'ny fokontany dia hoe misy « rotaka » tatsy, na koa hoe, niafara tamin'ny rotaka ny adibaolina kitra na rugby tatsy na teroa. Tamin'ny 1991 sy 2002 tsy nisy teny nanaitra nisongadina loatra niely hatramin'ny izao ankoatry ny teny filamatry ny antoko politika avy amin'ny fampielezankevitra izay efa nisy notanisain'ny mpanoratra ao anaty asasorany ka tsy hiverenantsika intsony. Fa tamin'ny ity savorovoro tamin'ny taona 2008-2009 ity dia antsoina hoe indray « sakoroka» ny savorovoro misy na dia eny anivon'ny fokontany fotsiny aza.

Mampalahelo ihany raha toa ka amin'ny toe-javatra manahirana toy izany eo amin'ny fiaraha-monina no teny na fiteny mba any sisa ho tadidiana any aoriana any raha vao hiresaka ny savorovoro ara-politika na ara-piaraha-monina isika. Amin'izao fotoana izao ohatra, dia raha vao miresaka ny savorovoro ara-politika tamin'ny taona 1972 dia tonga am-bava avy hatrany, dia ny hoe « tamin'ny rotaka 72 ». Dia aoriana kely ao koa izany rehefa hiteny ny momba ny savorovoro politika 2008-2009 dia hoe tamin'ny « sakoroka

2008-2009 » no hilazana azy. Raha izay no « Tsetratsetra tsy aritra eo amin'ny Teny Malagasy, dia inona kosa no azo lazaina mikasika ny Savorovoro politika. Tsy mijanona hatreo amin'ireo teny vitsivitsy akory no azo handalinana ny hifandraisan'ny Teny Malagsy sy savorovoro politika fa mety misy lafiny hafa ihany koa arakaraky ny tanjona tian'ny mpandinika hitondrana azy. Fa ho ahy aloha dia ireo no nanaitra ahy voalohany ka ambarako etoana. Fantatra fa tsy ampy akory ireo fa tsy maintsy fehezina ihany koa anefa ny lahadinika natolotry ny Mpanoratra eto. Inona indray ary izany no azo lazaina amin'ilay hoe « savorovoro politika » ?

NY SAVOROVORO POLITIKA

Toy ny tamin'ireo tsara ho marihina mikasika ny asasoratra amin'ny ankapobeny, dia nisy ihany koa tahirin-kevitra vitsivitsy mba novakiako raha mandray ireo hevitra novoasan'ny Mpanoratra amintsika ato amin'ity fanadihadiana nataony ity. Eto dia fifandrifin-javatra angamba no azo ilazana azy fa tsy hoe fankatoavana manokana indray ny FFE izay efa voalazako tery aloha ny programa fiofanana hataon-dry zareo mikasika ny fiofanan'ny Tanora ho Lasa Mpitarika. Fa eto indray koa dia mbola ny FFE ihany no mbola nampanao fampitan-kevitra an-tsoratra amin'ny teny Malagasy sy ny teny Frantsay mitondra ny lohateny hoe : « TOURMENTE POPULAIRE ET CONFUSION POLITIQUE », nadika amin'ny teny malagasy hoe « FIKORONTANANA-BAHOAKA SY FIFANJEVONA POLITIKA », Communiqué 2009 (8è recueil).

Ny mampanao fandalinana dia ny (SeFaFi) na ny Sehatra Fanaraha-maso ny Fiainam-pirenena. Tsy hoe mampitovy zetra aman-jahatra akory fa sasanangy samy manana ny azy izy ireo na dia zavatra iray ihany aza no niaingana, dia ny „savorovoro ara- politika nisy teto Madagasikara tamin'ny taona 2009 (fa ny taona 2010 mazava ho azy, fa mbola tsy tafiditra tao amin'ilay tahirin-kevitra izay navoaka tamin'ny taona 2009). Ny an'ny Mpanoratra anefa eto dia hatramin'ny taona 2010. Koa tsy hivalampatra ela amin'ity tapany faharoa amin'ny lahadiniky ny Mpanoratra ity aho. Satria araky ny fantatra dia mbola hisy tohiny izy ity araky ny vinavinan'ny Mpanoratra rahateo ihany koa. Teny tiana ampitaina ho an'ny mpanoratra angamba dia ao amin'ny teny fampidirana, dia tsara raha hasiana fandalinana kely mikasika ny Foloalindahy izay tena manana ny andraikiny manokana ihany koa tato anatin'ity « Fahasahiranana mahazo ny Firenena Malagasy ity ». Nametra-panontaniana ny maro hoe : « Fa maninona re no tsy noraisin'ny Foloalindahy avy hatrany ny fitondrana izay natolotry ny Filoha teo aloha ho azy ireo tamin'alàlan'ny Directoire Militaire e ??? ».

Ny mahavalalina ny vahoaka Malagasy dia tamin'ny fotoana izay natolotra azy ireo ny fitondrana dia tsy noraisiny am-panetren-tena izany. Fotoana vitsy aty aoriana dia matetika misy fikomiana ara-miaramila mitady handrombaka fahefana indray. Inona ihany ary izany no tadiavin'ireto foloalindahy ireo ? Homena am-boninahitra ny fahefana tsy mandray, fa mandromboka ny eny an-tànan'olona no mahamay azy ireo. Tsy mahagaga raha mivadibadika eo foana ry zareo « miaramila tarika indray mihira tany an-tsekoly fiofanana tany aloha tany lasa mpifahavalo aty aoriana nohon'ny antony ara-politika. Mpifahavalo folotaona lasa izay lasa mpinamana indray sy miray tetika aty ao arina. Mpiandraikitra ambony tao amin'ny foloalindahy nandritry izao tetezamita izao lasa mpanongana indray izao fitondrana izao. Inona no antony ? Resa-bola sy resaka politika, nefa raha araky ny lalàna mifehy ny miaramila dia tsy mahazo manao politika ny miaramila na inona na inona laharamboninahitra misy azy. Fa ny tena loza dia lasa « mpikarama an'ady » (*mercenaires*) ao anatin'ny Firenena Malagasy ny tafika izay hatao hiaro azy. Tena fanevan'ny manamboninahitra ambony rahateo ny hoe „**Ho an'ny Tanindrazana**". **Valalanina ny vahoaka Malagasy manoloana an'izany fisamboaravoaran'ny fiainam-pirenena izany. Rahoviana ihany isika Malagasy vao ho tafavoaka amin'ity savorovoro politika ity fa hatramin'ny Miaramila aza izao manao politika koa !**

FEHINY

Ny hamaranako an'ity „*TSETRATSETRA TSY ARITRA*" ity dia :
- Manantitra ny fiarahabana feno, mendri-piderana ny Mpanoratra *Andriamatoa Denis A. H. ANDRIAMANDROSO,* amin'ny nahavitany an'ity asasoratra ity tao anatin'ny :
- Fahasahiana tanteraka satria mbola « tsy maina akory ny ravina nihinana" dia efa nanoratra izy
- Fotoana fohy mbola tsy nifarana ny taona 2010 dia efa vita ny fandalinana na dia hinoana aza fa mbola mety hisy tohiny ny famakafakana azy ity any aoriana kely ao.

Ny tena hiderako manokana ny Mpanoratra dia nanaovany azy amin'ny Teny Malagasy rano iray fotsiny tsy mifangaro amin'ny teny vahiny hafa na dia fantatra aza ny fifehezan'ny Mpanoratra tenim-pirenena telo hafa dia ny frantsay ny anglisy ary ny alemana. Farany fa tsy ny kely indrindra, dia ny fomba nitondrany azy satria, dia tena drafitra fanoratana boky feno na *thèse* no nitondrany azy amin'ireo tondro na fanoroana manokana nataony any amin'ny farany, ho fanamarinana fa ny teny izay nosoratany dia tsy haitraitra an'izy samirery akory, fa misy fanoroana (na *références*) izy ireny, ary tena mitombona satria dia voatsiahy ao, na ny lohaten'ny boky, na ny lahatsoratra, na ny mpanoratra, na ny mpanao fanadihadiana hafa koa. Ny teny farany dia toy ny teny mahazatra, dia ny hoe *„maro maroa ny tahaka izao"* fa tena manana olomanga tokoa ny Firenena Malagasy.

RAJEMISON RAKOTOMAHARO

TENY FAMPIDIRANA

Rehefa miresaka ny korontana politika mianjady eto Madagasikara, efa ho roa taona izao, ny nanombohany dia tamin'ny nanakatonan'ny Fanjakana ny Radio Viva ny faha-13 desambra 2008-, dia ireto manaraka ireto no matetika voatanisa:

- Ny Fanaparam-pahefàna nataon'ny Filoha,
- Ny nampifangaroan'ny Filoha ny asam-pirenena sy ny asa an-tenany,
- Ny Lalampanorenana[i] nifanesy nataon'ny Filoha nifandimby teto hifanentana taminy,
- Ny fifidianana[ii] nisesisesy teto dia nanjavozavo na tsy nangarahara,
- Ny fitantanana tsy zarizary nataon'ny Fitondrampanjakàna (*mauvaise gouvernance*)
- Ny fiaraha-miasa amin'ny any ivelany sy fanampiana avy any ivelany izay tsy hita zay tena anjara-birikiny tamin'ny fampandrosoana an'i Madagasikara sy ny fanatsarana ny faripiainan'ireo mponina 20 tapitrisa ao aminy,
- Ny fahantran'ny Malagasy,
- Ny tsy fahampian'ny ady hevitra malalaka sy loabary an-dasy[iii] momba ny resaka politika sy demokrasia[iv] eto Madagasikara.,
- Ny tsy nanaovana fampihavanana hatramin'ny savorovoro tamin'ny taona 2002,
- Ny tsy nisian'ny famotsoran-keloka tao aorianan'io raharaha 2002 io.

Tsy mba faheno ho isan'ny mampiverina ny fisavoritahana politika kosa dia ny elanelam-pijery eo amin'ny antitra sy ny tanora, na ny zanaka sy ny Ray aman-dreny, na dia nandray anjara tamin'ny fidinana teny an-dalambe nanaraka an'Atoa Andry N. Rajoelina aza ny tanora[v] tamin'ny voalohan'ny taona 2009. Tsy nasian-dresaka toy izany koa ny anjara-toeran'ny miaramila izay nanampy betsaka tamin'ny fananganana ny Fitondrana ankehitriny. Ary farany kanefa tsy kely indrindra, dia tsy mba nisy nivolana ny teny Malagasy eo amin'ny sehatra politika, izany hoe eo amin'ny fiainam-pirenena amin'ny maha tany sy fanjakana an'i Madagasikara ary amin'ny maha firenena iray ny Malagasy.

Ity fandalinana ity anefa dia te-handroso fa ny fanaovana an-kilabao ny teny Malagasy eo amin'ny fomba fiteny sy fihetsika asehon'ny mpanao politika an-daniny sy ny mpitondra fanjakàna an-kilany, no mahatonga an'i Madagasikara itapodian'ny fikorontanana politika mankadiry foana, efa in'efatra izao tao anatin'ny 50 taona niverenan'ny fahaleovantena, dia ny tamin'ny 1972, 1991, 2002 ary ity farany nanomboka tamin'ny desambra 2008 ity.

Marihina mialoha anefa fa ny teny Malagasy horesahina eto dia tsy handalina ny tantarany, ny rafiny, ny rafimpeony, ary ny fivoatrany andavan'andro. Tsy handalina toy izany koa ny tokony na tsy tokony hanagasiana ny teny fampianarana. Tsy ho voakasika eto koa ny fitsipi-pitenenana sy ny resaka voambolana. Tsy hiditra lalina koa amin'ny fampiasàna na tsy fampiasàna ny tenim-paritra. Ary farany tsy hiady hevitra ny hanaovana na tsia ny teny malagasy iombonana na handinika fomba famakiana vaovao ny isamarika Malagasy. Tsy anjaran'ity famakafakàna ity izany.

Ny tena imasoany dia ny mitady valiny amin'ny fanontaniana mipetraka hoe: maninona no itrangan'ity korontana politika goavana ity foana eto amintsika, kanefa i Maorisy mpifanolobodi-rindrina amin-tsika, nahaleo-tena taty aorianan-tsika (1976) sy i Afrika Atsimo afaka tamin'ny Fanakavaham-bolokoditra mahery vaika vao tamin'ny taona 1994 dia tsy mba nisavoritaka ara-politika mihitsy hatramin'izao?

Ny fotokevitra iaingan'ity asam-pikarohana ity dia ny rangory fototry ny afo amin'ny tsy filaminana politika eto, ka mampitongilahila lava ny demokrasia eto Madagasikara, ny fanamaivanana ataon'ny mpanao politika ny teny Malagasy. Na tokony ho kofehy mampitohy lalandava ny fomba fijerin'ny mpanao politika sy ny vahoaka, ka hanamora ny fifanakalozan-kevitra aza, dia lasa rindrina manakona na hantsana manasaraka, satria teny vahiny no ataon'ny mpanao politika sy ny mpitondra politika sisika ao amin'ny fehezan-teny ataony, mahazo vahana eo amin'ny famosahan-kevitra sy ny serasera an-tsoratra, indrindra amin'ny taratasy ifanakalozana ao amin'ny rafim-panjakàna. Eo amin'ny haino aman-jery indray dia manjàka ny "vary amin'anana". Vao tamin'ny voalohan'ny volana jolay 2010 ny solontenan'ny Komity Fakankevitra momba ny Lalampanorenana (CCC) no nanambara fa tsy te-hamoaka ny soson-kevitra nataon'ny be sy ny maro momba izay ho Lalampanorenana vaovao hono ry zareo mpikambana satria tsy "te-*influencer*" ny dinim-pirenena mbola ho avy.

Manao ahoana izany ny teny Malagasy? Kofehy mampitohy? Sa Rindrina manakona? Sa Hantsana manasaraka? Ireo no atao hoe *"interface"* amin'ny teny vazaha. Izany hoe:
- *interface* (inter facies): tava mifanatrika fa tsy mifampikasoka
- *interface* (inter-facies): elanelanan-tava, manasara-tarehy, mampifanalavitra tarehy,
- *interface* (interfacies): mifankahita tava, tava mifandona, tava mifampikasoka

Ny tava na tarehy kosa eto dia lasa tena olona, dia ny mpanao politika an-daniny ary ny vahoaka an-kilany, na ny mpitondra an-daniny, ny entina an-kilany ets.

Alohan'ny hidirana amin'ny tena ventin-dresaka anefa dia mbola tiana ny manamarika fa dinihina akaiky ny momba ny teny Malagasy satria aina ho an'ny firenena iray ny teny velona ao aminy. Satria io teny io no ho lovain'ny taranaka amam-para, izany hoe, io teny[vi] io no ho <u>antoky ny hitohizan'ny fijoroan'ny maha-firenena ny firenena</u>, <u>antoky ny ho avy</u> eo amin'ny fiavahana ny firenena iray amin'ny hafa, ho vavolombelon'ny maha-izy azy ny firenena iray.

Koa rariny sy hitsiny raha toa ka mipetraka ny fanontaniana manao hoe, kofehy? sa rindrina? sa hantsana ny saritava isehoan'ny teny Malagasy eo amin'ny samy Malagasy? Indrindra eo amin'ireo mpitondra sy mpitarika politika izay manan-kafatra hampitaina amin'ny vahoaka? Hafatra izay manetsika ny vahoaka hiara-miasa sy hiara-mientana!

Fa mbola fanontaniana manitikitika ny saina koa ny hoe, raha omena ny hasina mendrika azy ny Teny Malagasy, moa ve ny fampiasana azy feno mety hisorohana ny savorovoro politika miverimberina eto Madagasikara? Fanontaniana anisan'ny hitadiavan'ity lahatsoratra ity valiny koa.

1 NY POLITIKA SY NY DEMOKRASIA

Ny politika eto Madagasikara amin'izao fotoana izao dia ibahanan'ireto lohateny telo ireto: hiroso, Lalampanorenana vaovao, fifidianana mangarahara, ary fampihavanana (*reconciliation*). Mazava ho azy fa raha mikasika fitaovana sy làlana mankany amin'ny amin'ny Repoblika IV sy ny demokrasia no ventin-kasan'iretsy roa voalohany, ilay fahatelo mikasika ny fihavanana kosa dia mifantoka amin'ny maha-Malagasy. Hadino tokoa manko matetika fa ny voalohan-tanjon'ny politika dia ny mandamina ny fiainan'ny olombelona ao anatina fiaraha-monina mirindra sy tsy misy tsindry hazo lena. Azo alaina tahaka amin'izany ny asa fampivelarana sy fampandrosoana (*development*) izay tsy afaka mionona amin'ny fitombon'ny vokatra harim-pirenena (VoHaPi) sy ny famatsiana isan-tsokajiny, fa manome laka ny olombelona sy ny fiadanany.

Mahazatra ny rakibolana momba ny politika ny mamaritra ny politika ho haikanto sy siansa momba ny fitondràna ary ny fitantanana ny tany sy ny fanjakàna. Ny famaritana ara-toetr'andro anampiana an'io dia ny hoe, ny olombelona irery ihany eto an-tany no afaka manao politika na raha lazaina amin'ny fomba hafa dia izy irery ihany no afaka miserasera amina seho sy hetsika azo an-tsary na hita maso[vii], afaka manao fanambaràna, mampiasa foton-kevitra, mifampiady hevitra, ary afaka manaiky sy mandà tsangan-kevitra. Manamafy an'io toetra manokana ny olombelona eo amin'ny politika io i Hobbes raha milaza fa ny zanak'olombelona irery ihany no mahavita mandainga, izay ampiany i Heggel aminy hoe ny zanak'olombelona irery ihany no afaka misafidy malalaka, an-tsitrapo[viii].

Ny zanak'olombelona irery ihany koa no afaka mamorona sy manova fitsipi-dalàna, manao fehezan-dalàna mifehy ny fiaraha-monina, ny fitondram-panjakàna ary ny toe-karena. Ny zanak'olombelona irery ihany, avy amin'ny teny aloaky ny vavany[ix], no afaka mampanantena, mampitsinjo lavitra, manome tsiny, mamela heloka, mampiray hina na miangavy fiaraha-miasa, sns. Miaina amin'ny voateny sy ny taratra hita maso (*symbols*) ny politika[x]. Ny Ntaolo efa nahalala ny lanjan'io voateny io raha nanipika fa "tsy ny tany no fady fa ny vavam-bahoaka".

Ary eto Madagasikara dia mbola manan-danja ny teny mivoaka ny vava satria mbola betsaka amin'ny Malagasy no tsy mahay mamaky teny sy manoratra[xi]. Tsy ny asa soratra no tena mampiray antsika Malagasy fa mbola ny resaka am-bava. Manamafy izany ny firaisam-pon'ny Malagasy any am-piangonana mihira sy mihaino toriteny amin'ny teny malagasy. Mampientanentana sy mampietsi-po ny Malagasy koa ny hainteny sy ohabolana voakolokolon'ny fikambanan'ny mpikabary Malagasy (FIMPIMA)[xii] eran'ny nosy, izay mahavelombolo tokoa satria mirotsaka ao daholo na lahy na vavy, na antitra na tanora, na avara-pianarana na olon-tsotra. Malaza ho "olon'ny fo" rahateo ny Malagasy.

Raha ny tantara eran-tany no angalàna ohatra, azo lazaina fa tsy lalàmpanorenana na fifidianana no nampivoatra ny tany sy firenena fa ny kabary miezinezina feno fahendrena sy fanamby nataon'ireo mpitondra sy mpitarika isan'isany avy tao aminy. Ohatra amin'izany ny nataony i J.F. Kennedy nametraka ho fanamby ny ahatongavan'ny Amerikanina eny amin'ny volana alohan'ny taona 1970, na ilay fampahatsiarovan-tena nataony ho an'ny mpiray tanindrazana aminy manao hoe "aza manontany ianao hoe, inona no tokony hataon'ny tany sy ny firenena ho anao"[xiii], fa manontania tena kosa ianao manao hoe "inona no azoko atao ho an'ny firenena". Mbola azo ampiana eto ny kabary malazan'i Martin Luther King Jr. manao hoe "manonofinofy aho"[xiv] ny hitovian-tsarangan'ny mpanandevo sy ny nandevozina, ny fotsy sy ny mainty indray andro any; na ny nataon'i Nelson Mandela manao hoe "izaho enjehina voalohany"[xv], kabary izay nahalasa azy ho "kintana fanilo" amin'ny fiadiana amin'ny fanakavaham-bolonkoditra sy ny fanavakavahana ara-pirazanana[xvi].

Amin'ny teny fohy: mibahan-toerana lehibe eo amin'ny politika ny zanak'olombelona , ny mpanao politika voalohany indrindra sy ny teny ampiasainy.

Ny mpanao politika dia nanokana ny tenany ho ny politika no asany. Raha ny marina izany dia olona matihanina amin'ny fanaovana politika izy ary mitetika fahefàna (ho lasa mpitondra na mpitarika). Amin'ny tany demokratika dia ny firotsahana amin'ny fifidianana no hahatongavany amin'izany fahefàna izany, na te ho Ben'ny tanàna izy, na te ho Solombavambahoaka, na te ho Loholona, na te ho Filohan'ny Repoblika, sns. Ny politisianina kosa, dia teny somary maneso, mamely ny karazan'olona be tetika, mitily fahefàna na tombontsoa isakin'izay azony atao.

Hoy Andrianampoinimerina hoe: "raha kamboty ny vahoaka dia ny Andriana no Rainy"; ary "raha kamboty ny Andriana, dia ny vahoaka no Rainy". Noho izany efa hatry ny ela ny mpitondra sy ny vahoaka no nifandray toy ny zanaka sy Ray aman-dreny. Zavatra roa no tena misongadina eto, dia ny fiheveran'ny vahoaka ny mpitondra ho toy ny Ray aman-dreny, izany hoe olona atao "fitaratra" eo amin'ny fomba fiteny sy fihetsika[xvii], sy ny fihavanana voafonon'izany. Sarobidy ny fihavanana ka hoy ny Ntaolo hoe: "aleo very tsikalakalam-bola toy izay very tsikalakalam-pihavanana"[xviii]- ka voakasika voalohany amin'izany ny mpanao politika amina maha-Ray aman-dreny azy.

Raha izay ny mpanao politika mivantana, izay natao haka fahefàna na manam-pahefàna, dia misy kosa ireo mpanohitra sy mpitsikera fahefàna[xix], dia ny mpanao gazety, ny mpiasa serasera ao amin'ny haino aman-jery, amin'ny aterineto, ny mpanao somonga an-tsary sy an-tsoratra[xx] samihafa, ny mpanao sangisangy zary-tenany an-kira sy an-kabary toy ny mpihira gasy, sns. Ny isam-pianakaviana dia tafiditra amin'ny politika satria anisan'ny mpifidy rehefa misy fifidianana. Farany, araka ny hita etsy sy eroa ao anatin'ny tany demokratika, misy ny fikambanan'ny vondron'olom-pirenena[xxi]izay andraisany ny atao hoe "olom-pirenena mavitrika" anjara.[xxii] Tena mihetsiketsika tokoa izy ireo amin'izao fotoana izao amin'ny fitadiavana làlana hivoahana amin'izao savorovoro politika izao[xxiii].

Ny atao hoe vahoaka kosa dia ny olom-pirenena ao amin'ny tany iray (Rajemisa-Raoilison). Raha apetraka eo amin'ny lafiny politika indray ny vahoaka dia azo atao hoe ireo entina (amin'ny an-kapobeny), ny mpifidy, ny mpandoa hetra, ny avara-piananarana, ny mpamboly, ny mpiompy, ny valala tsy mandady harona, sns, raha sokajiana isan'isany avy.

Amin'ny an-kapobeny, maro dia maro ny fomba azo entina mamakafaka ny politika. Fa raha fintinina : ao ny mpandinika miainga amin'ny hitamaso sy mivaingana[xxiv]; ao ny miainga avy amin'ny fanaraha-penitra[xxv]. Misy kosa ny mifantoka indrindra amin'ny andrimpanjakàna[xxvi] na ny fomba fiasany sy ny fivoatrany[xxvii], ary farany dia ao ny mandalina ny fifandraisan'ny hery anatiny sy ny hery ivelany[xxviii].

Ny hita maso sy mivaingana fandinika ohatra dia ny voka-pifidianana[xxix], ny taonan'ny mpiasa-mpanjakana mitana birao[xxx], ny habean'ny mponina[xxxi]. Ny momba ny fanaraha-penitra indray dia izay mikasika ny tokony natao na ny tokony narahina[xxxii], ohatra ny hanitry[xxxiii] ny demokrasia, ny tsara sy ratsy tokony ho tandremana[xxxiv]ao anatina demokrasia. Ny fandinihina ny andrimpanjakana sy fandaminana maro samihafa kosa dia mikasika indrindra ny rafitra mipetraka sy ny asa[xxxv] atao ao aminy. Ao anatin'izany ny fijerena akaiky ny fihetsiky ny olona tsirairay ao anatin'ny andrim-panjakàna isan'isany (Prezidansa, Governemanta, Antenimierampirenena, Antenimierandoholona, sns.), ary amin'io indrindra, nahazo vahana tato ho ato ny fandinihana ny asa fanamoràna/fanenligelenana ataon'ny governemanta amin'ny fametrahana sy fanamafisana ny demokrasia.

Ny fandalinana ny hery anatiny sy ivelany kosa dia manome lanja ny fijery sy fisainan'ny tsirairay[xxxvi] (hery anatiny)[xxxvii] sy ny hery avy any ivelany miantraika amin'ireo tsirairay ireo (hery ivelany)[xxxviii], izay no jerena akaiky dia ny mba ahafahan'ny mpandalina maminavina ny fihetsika politika ny tsirairay amin'ny ho avy[xxxix]. Demokrasia malalaka[xl] ihany koa moa no misy eto ka azo atao tsara ny miditra lalina aminy.

Io demokrasia io dia safidin'ny mpitondra Malagasy indrindra amin'izao Repoblika faha-III izao- ka ny hampijoro maharitra azy na tsia, dia andraikitry ny Malagasy rehetra. Koa aleo ho jerena akaiky ny momba izany demokrasia izany, izay tsy mety mari-pototra eto Madagasikara ka voaozongozona efa ho in'efatra izao (1972, 1991, 2002, 2009) araka ny voalaza ery ambony ery.

2 NY DEMOKRASIA, SAFIDIN' NY FIRENENA HATRAMIN'NY 1960

Avy amin'ny teny grika hoe *demos* (vahoaka) sy *kratos* (fahefàna) ny demokrasia ary midika hoe "fahefan'ny vahoaka". Amin'izao toetr'andro izao, dia avy amin'izany fahefàna izany, ary amin'ny alalan'ny fifidianana, no ahafahan'ny vahoaka misafidy sy manolo izay ho mpitondra. Raha arak'ireo mpomba ny *"utilitarism"*, dia ny demokrasia no fomba fitondràna ara-drariny indrindra satria mifanaraka amin'ny hetahetan'ny maro an'isa.

Tany am-piandohana dia tsy nikatsaka ny ahazoana ny safidin'ny maro an'isa ny demokrasia. I Aristote ohatra dia tsy nanome lanjany afa-tsy ny lehilahy. Ny vehivavy sy ny andevo dia nahilikiliny. Nanao fanilikilihina toy izany koa i Kant tamin'ny mpiasa izay tsy velona amin'ny herin'ny tenany fa mpikarama. I Nietzsche moa dia nihevitra fa ny demokrasia dia hitàna eo amin'ny toerany fotsiny ireo izay efa matanjaka. I Machiavelli tao amin'ny "Ny Printsy" dia manosika hanontany raha tokony homena olona tsy maha-tombom-tsiraka fa mety ho voasolo isaky ny fifidianana ny fitondràna.

I Plato moa dia tsy tia ny demokrasia satria raisiny ho toy ny fanjakàn'ny vahoaka madinika[xli] ilay izy, izany hoe olona tsy afaka mandinika lalina. Ny Fahazavàna[xlii] tamin'ny taon-jato faha 18 kosa anefa dia nanandratra ny demokrasia ho feo vaovaon'ny vahoaka, ho taratry ny safidy an-tsitrapo[xliii] ny daholobe. I Jean-Jacques Rousseau tao amin'ny bokiny "Dinam-piaraha-monina"[xliv] no anisan'ireo nipoiran'izany fotokevitra izany, izay manome alàlana ny daholobe hijery akaiky[xlv] ny ataon'ny fitondràna. Amin'izao vanin'andro ankehitriny izao, efa voalamina tsara izany satria fifidianana no fitaovana ka ny maro an'isa mandresy no mitondra, ny resy kosa, izay vitsy an'isa, no manohitra (resaka fifandanjan-kery). Ny karazana mpitondra fidina eto Madagasikara, araka ny Lalàmpanorenana farany (novaina tamin'ny 2007) dia ireto santionany ireto: ny Filohan'ny Repoblika, ny Solombavambahoaka, ny Loholona, ny Ben'ny tanàna, ny Lehiben'ny Faritra.

Indroa mihan-taona no niparitahin'ny demokrasia teto antany taorianan'ny Ady Lehibe Faharoa (1939-45), ka ny voalohany dia tamin'ny nirodananan'ny fanjanahantany Anglisy sy Frantsay nanomboka tamin'ny fahaleovantenan'i Indy tamin'ny taona 1947 ary narahin'ny ankabeazan'ny zanatany frantsay taty Afrika nanomboka ny taona 1960. Ary ny faharoa dia taorian'ny nianjeran'ny Rindrin'i Berla tamin'ny volana novembra 1989 izay nitarika ny faharavan'ny Firaisana Sovietika sy ny fitsaharan'ny Ady Mangatsiaka teo amin'ny Tatsinanana sy Tandrefana. Ireo ankabeazan'ny tany nahazo fahaleovantena etsy andaniny, sy ireo tany afaka tamin'ny ziogan'ny Firaisana Sovietika etsy ankilany, dia niroso tany amin'ny Demokrasia mifototra amin'ny fisoloana tena ny vahoaka eo amin'ny fitondràna ny tany sy ny fanjakàna. Efa lasa manenika eran-tany io demokrasia io afa-tsy any Sina, Korea Avaratra ary i Kioba[xlvi]. Hatramin'ny taona 1960, io demokrasia soloina tena[xlvii] io no nampiharina teto Madagasikara.

Ny demokrasia dia karazana fomba fitondràna, làlana manokana ahatongavana any amin'ny fanapahan-kevitra raisin'ny Fitondràna. Raha fintinina ny voalaza etsy ambony, ireto toetoetra telo ireto no manamarika azy: mitovy zon'ny olom-pirenena tsirairay avy eo amin'ny fisafidianana izay hitondra ny tany sy ny firenena (fifidianana); ny governemanta miankina amin'ny demokrasia dia (tokony) manatanteraka ny hetahetan'ny besinimaro, fa tsy ny hetahetan'olom-bitsy; ary farany, dia (tokony) anjakan'ny safidin'ny maro an'isa ny demokrasia, fa ny vitsy an'isa (tamin'ny fifidianana) kosa dia manao asana mpanohitra.

Mampiasa ny fifidianana[xlviii] ho fitaovana tokoa ny demokrasia[xlix] ka tena zava-dehibe ho an'ny antoko sy ny mpanao politika ny manintona na mandresy lahatra ny daholobe, indrindra ny mpifidy rehefa akaiky ny fifidianana. Sesilany ny fampanantenàna ataon'ny mpilatsaka sy ireo mpomba azy: na antoko na mpiara-dia, na mpanohana-hoan'ny vahoaka, indrindra fa ireo hifidy. Samy manao dokam-barotra izay firehany daholo ny antoko tsirairay avy. Samy milaza azy ho tsara sy mahavita azy daholo. Ary amin'ny fampielezan-kevitra dia samy miezaka ho akaikin'ny fon'ny vahoaka sy izay maharary azy daholo. Teny mazava, amin'ny teny Malagasy no ampiasain'ny mpilatsaka amin'izany, izany hoe teny azon'ny rehetra mihaino ny kabary sy ny fampielezan-kevitra, raha ny eto Madagasikara fotsiny no ho tenenina.

Amin'ny an-davan'andro kosa anefa, sahirana ny olom-pirenena; sahirana ny vahoaka satria lasa tsy misokatra amin'ny vahoaka ny politika. Lasa olon-ko ho azy variana amin'ny tombontsoany ny antoko politika kanefa tokony hiady hoan'ny tombontsoan'ny betsaka. Lasa fihinin'ny matihanina sy kingalahy amin'ny politika ny resaka politika, hany ka teny feno voambolana teknika na vahiny no heno amin'ny haino aman-jery, vakiana any anaty gazety[l], ny mivoaka amin'ny teknolojia vaovao ny serasera tahaka ny aterineto moa dia tsy lazaina intsony. Raha ny eto Madagasikara fotsiny no tenenina, dia be noho izany ny hevitra, na fampahalalàna, na hafatra tsy tafita[li] any amin'ny valala be mandry. Eo amin'ny asam-panjakàna moa dia mbola ny teny Frantsay no manjaka eo amin'ny fifanankalozana an-taratasy amin'ny samy ministera. Ny tatitry ny asam-panjakàna atao isan'enim-bolana sy isan-taona dia efa voalasitra amin'ny teny Frantsay. Lasa olon-ko ho azy koa ny mpiasam-panjakàna, ny fitondràna.

Araka ny voalaza tery am-piandohàna, samy nandala ny demokrasia daholo ny Repoblika I-III arak'ity fitanisana manaraka ity:

> "La République Malgache est ..... Démocratique et Sociale"[lii] (Republique I, Lois constitutionnelles, Titre I, Art. 2); "Firenena iray ny Vahoaka Malagasy ka ny Fokonolona izay fiombonambe sosialista sy demokratika no fototra iorenan'ny Fanjakàna. Izany Fanjakàna izany [dia] mitondra ny anarana hoe "Repoblika Demokratika Malagasy" (Repoblika II, Lalampanorenana, Fizaràna I, And. 1); "Ny demokrasia no fototra iorenan'ny Repoblika" (Repoblika III, Lalampanorenana, Fizaràna I, Art. 1).

Tsy hiady hevitra momba ny vontoatin'ireo demokrasia nampiharina teto amin'ny firenena ireto ity dinidinika ity. Raha fehezina amin'ny teny indraim-bava ny atao hoe demokrasia dia fitondran'ny maro an'isa[liii] (avy amin'ny vokam-pifidianana). Toa lasa tsy mivelatra amin'ny vahoaka anefa ny demokrasia etsy an-daniny, ka izay angamba no mampiozongonzona azy hatrany eto Madagasikara: tsy mety mahazo faka ao amin'ny fiarahamonina Malagasy. Etsy an-kilany, mety tsy ho mafy fototra mihitsy raha tsy ampiasaina feno ny teny Malagasy[liv], eo amin'ny serasera am-bava sy an-tsoratra, ifanaovan'ny mpitondra fanjakana, ny mpanao politika, ary ny daholobe.

3 NY TENY: MARIM-PAMARITANA LEHIBE NY ATAO HOE FIRENENA

Ny anton'ity fandalinana ity dia ny fiezahana hanontany ny momba ny ho avin'ny firenena malagasy androany, rahampitso, afaka ampitso. Raha ny ohatra misy no raisina, dia ahitàna ny firenena toy i Scotland, Wales, England, Ireland[lv] izay firenena manana ny maha-izy azy satria samy manana ny fomban-drazany sy ny fiteniny. Tsy manakana azy ireo hitambatra ho tany iray anefa izany dia ny Fanjakàna Miray (*United Kingdom* na UK). Tsy ny teny sy ny fomban-drazana ihany anefa no mampiavaka ny firenena, fa ao koa ny fivavahana. Ka hita izany raha nisaraka ho firenena mitokana i Indy sy i Pakistanina tamin'ny taona 1947. I Indy moa dia mankalaza ny finoana hindoa ary I Pakistanina kosa dia miankina amin'ny finoana silamo. Tsy misy hafa amin'izany koa ny nitranga raha rava i Yogaoslavia tamin'ny taona 1991 ka lasa nisy an'i Serbia (katolika orthodoksa) sy i Bosnia (silamo). Mbola azo ampiana eto koa ny fomba fiakanjo (kilt ekosianina), ny mozika (valiha malagasy), ny sakafo (sushi japanina), ets.

Raha atao jery todika ireo ohatra voatanisa etsy ambony ireo, dia azo zaraina roa ny marim-pamantarana ny atao hoe "firenena", dia ny marim-pamantarana hita maso, mivaingana, azo tsapain-tànana, na azo refesina (*objective markers*) toy ny fomban-drazana (famadihana, ohatra) na ny fomba fiakanjo (kilt); sy ny marim-pamantarana any am-po, tsy hita maso, fa hiainana sy hisentoana (*subjective markers*) toy ny hambom-pom-pirenena sy ny fitiavan-tanindrazana.

Misy fomba vitsivitsy izany hanavahana ny atao hoe firenena, fa ny tena hifantohan'ny famakafakàna eto dia ny marim-pamantarana mivaingana iray, dia ny teny, izany hoe ny teny Malagasy. Nolovaina tamin'ny razana io ary fomba afahan'ny samy Malagasy mifandray na avy aiza izy na avy aiza. Toy ny demokrasia atao ambentin-dresaka eto ihany anefa ny fampiasana azy, safidin'ny Malagasy ny hampiasa sy tsy hampiasa azy[lvi]. An-tsitrapo malalaka no azony ampiasaina ny teny Malagasy, hanandratana ny "hambom-pom-pirenena" sy ampisehoany ny maha-iray ny Malagasy ao anatin'ny fihavanana[lvii]. Safidin'ny Malagasy ny hampaharitra na tsia ny firenena Malagasy.

Ny teny no maha firenena ny firenena. Raha tiana hisy izany hoy i Noah Webster (1789) tamin'ny fiforonan'i USA mahaleotena, dia tsy maintsy manao revolisiona koltoraly sy politika isika manangana teny Anglisy ho antsika, izay hanana tsipelina[lviii] miavaka amin'ny teny anglisy mahazatra (britanika). Manamafy io voalazan'i Webster io no tena anton'ity famoaboasana ity, manontany tena hoe sao dia ny tsy fampiasana feno ny teny malagasy no maha-marivo fototra ny demokrasia eto ka mampiverimberina ny korontana politika? Tsy vitan'izany, sao dia tsy ho voasoroka mihitsy izany raha tsy ny firenena Malagasy mihitsy aloha no amafisina, ka ny ahatongavana amin'izany dia ny fanomezana hanitra ny teny Malagasy eo amin'ny an-davan'andro politika sy fitondràna? Ny soatoavina Malagasy izay aroson'ny be sy ny maro amin'izao fotoana izao hamahana olana izao savorovoro politika misy eto izao dia ny teny Malagasy koa no ampitaina azy.

Tafita ny fanaparihàna ny vokatra siantifika satria niala tamin'ny latinina i Leonardo de Vinci sy Galileo ka nanoratra tamin'ny teny italianina. Lasa betsaka mpamaky ny asa vitany fa tsy nijanona tamin'ireo manampahaizana mitovy taminy fotsiny intsony. Nivelatra sy lasa natanjaka ny teny frantsay rehefa resin'ny *"langue d'oil"* avy any avaratra ny *"langue d'oc"* taty atsimo ary noforonina ny Akademia Frantsay tamin'ny taona 1635 mba hiaro ny "langue d'oil" lasa tenim-pirenena.

I Luther nanoratra tamin'ny teny alemana nampihiratra ny sain'ny vahoaka alemanina nitroatra tamin'ny Fiangonana Katolika Romana. Nadikany tamin'ny teny alemana ny Baiboly. Tsara vintana fa niaraka tamin'ny fitsanganan'ny fanaovam-printy io fandikàna ny Baiboly io izay lasa afaka naparitaka eran'i Alemana sy Eraopa, izay nanaitra ny hambom-pom-pirenena alemana.

Amin'izao taonjato faha 21 izao raha mankany Norvezy, na Soeda na Danemarika ianao dia mahita fa miasa dia miasa tokoa ny tenimpirenen-dry zareo na eo amin'ny andavan'andro, na any am-piasàna, na any am-pianarana, na any amin'ny asam-panjakàna rehetra any. Amin'ny fifandraisana amin'ny any ivelany ihany vao ampiasainy ny teny Anglisy. Tsara marihina fa ireo tany skandinavy telo ireo ihany no miteny ny tenim-pireneny : Norvezianina, Soedoanina, Danoanina. Raha atao tarehimarika anefa dia miisa 4.6 tapitrisa (taona 2008) fotsiny ny mponina Norvezianina, raha 9 tapitrisa eo ho eo ny Soedoanina (taona 2008), ary 5.5. tapitrisa eo hoe eo ny Danoanina (taona 2008).

Ny Frantsay aza dia tena mbola saro-piaro amin'ny teniny mihitsy. Vao tamin'ny faha-28 may 2010 teo izao i Jean-Pierre Raffarin, Praiministra Frantsay teo aloha, no nimenomenona tamin'izy telo lahy Frantsay mitantanana andrim-panjakana iraisampirenena, dia i Jean-Claude Trichet ao amin'ny Banky Foibe Eropeana, i Dominique Strauss-Kahn ao amin'ny Foibe Iraisampirenena momba ny Vola (IMF) ary i Pascal Lamy ao amin'ny Rafitra Iraisampirenena momba ny Varotra (WTO), noho izy ireo miteny anglisy eo amin'ny asany an-davan'andro fa tsy mitazona ny teny Frantsay. Izy telo lahy ireo anefa no tokony hanome ohatra tsara ny rehetra hoy i Raffarin noho izy manana ny tenin-dreniny sy tokony ho fitaratra voalohany amin'ny tany miteny sy mampiasa ny teny Frantsay[lix].

Raha zohiana ny voalazan'ing. Raffarin, dia endriky ny hambom-pom-pirenena tokoa ny tenin-dreny[lx] ary raha ny marimarina aza, dia tena taratry ny fitiavan-tanindrazana. Fony mbola kely moa ny mpanoratra dia naheno ombieny ombieny fa "teny baiko" ny teny Frantsay. Marina aloha fa mbola vao niana-nandeha ny Repoblika I tamin'ny taona 1960 no miakatra, ka na tany amin'ny Lycee-mpanjakana[lxi] aza dia mbola nampianarina ho toy ny teny vahiny ny teny Malagasy. Niova tsikelikely teny moa ny Lalampanorenana Malagasy ka lasa teny ofisialy toy ny teny Frantsay ny teny Malagasy[lxii]. Ny Repoblika III nanamafy fa ny teny Malagasy no tenim-pirenena[lxiii]. Ny Repoblika II no hany tsy nanome toerana ny teny Malagasy tao amin'ny Lalampanorenana. Nahifiny tany amin'ny Boky Mena ny momba ny teny malagasy, ka lafiny roa no voatsipika tamin'izany: fanagasiana ny fampianarana, ary hatsangana ny Malagasy iombonana[lxiv].

4 TSY MISY "MANDRAKIZAY" AMIN'NY POLITIKA: MIOVAOVA FOANA

Tsy voajoro indray andro ny firenena. Ary ny politika dia tsy toy ny vatolahy ka rehefa eo dia tsy mihetsika eo. Miova sy mivoatra araky ny tantaran'ny firenena sy ny fiovaovana mitranga ny politika. Manaraka ny filazan'ilay mpandinika iray izay raha nanoratra izy hoe : "ny tantara dia politikan'ny omaly, fa ny politika kosa dia tantara ny ampitso". Mbola vao hosoratana izany ny tantara apetraky ny politika rahampitso fa tsy mijanona amin'ny tantara navelan'ny politika omaly. Misy fiovàna mifono ao anatin'izany, misy fivoarana, misy zava-baovao, tsy mijanona tsy mihetsika eo ny fotoana sy ny politika fa mitopatopa toy ny onja, ka mihetsiketsika lalandava, mety mandroso, mety miverina. Eo amin'ny sehatra politika moa indraindray dia ny eo ihany no miverina, tahaka ny fanovam-pahefàna amin'ny fidinana an-dalambe teto Antananarivo hatramin'ny taona 1972 no mankaty sy ny tetezamita nisesy naterany. Na izany aza ny fomba fisehony sy ny vokatra aterany eo amin'ny fiainam-pirenena sy ny Malagasy tsirairay avy dia tsy mitovy lalandava. Tsy misy tsy mihaiky amin'izao fotoana izao fa lava loatra ity fisavorovorona politika indray mitoraka ity. Koa mila famaranana amin'izay. Izany no maha-tonga ny maro namonjy ny Fihaonambe-mpirenena[lxv] izay notarihin'ny Ray aman-dreny Mijoro tao amin'ny Ivotoerana fandraisana Fivoriana Iraisam-pirenena (CCI) tao Ivato ny faha-13 ka hatramin'ny faha-18 septambra 2010.

Mitondra fiovana ny fotoana mandalo. Ohatra iray mivaingana fotsiny no ho raisina, dia ny fahatongavan'ny finday teo amin'ny fiaraha-monina. Taloha ny tsirairay dia afa mialokaloka ao amin'ny telefaonina an-trano tsy mandeha na tsy ananana rehefa tsy tratra antso. Amin'izao fotoana izao, dia tsy misy an'izany intsony, fa ny minitra mba hiainana tsy misy finday maneno sisa no zara fa misy. Lasa tratra antso foana : miavona raha tsy mandray, ka voakasika ao avokoa na ankizy na lehibe, na antitra na tanora, na kely vola na be vola, na ambonivohitra na ambanivohitra!

Tsy misy hafa amin'izany koa ny fahatongavany ny fahitalavitra any ambanivohitra, tsy eo amoron-patana intsony ny fianakaviana no mitangorona, mitafa sy mitapatapak'ahitra, fa eo anoloan'ny vata fahitalavitra miaraka amin'ny mpiray tanàna, toy izay nitranga tamin'ny fijerena ny fampitana ny fiadiana ny amboara eran-tany teo amin'ny baolina kitra tatsy Afrika Atsimo tamin'ny volana jiona-jolay 2010. Ny fahatongavan'ny aterineto (*internet*) sy ny karazana tranokala rehetra azo sokafana sy vakiana hahazoana vaovao momba izay mitranga eto Madagasikara sy eran-tany toy ny moov.mg, sobika.com, vatofatotra.com, topmada.com, tananews.com , na koa hitovozana fahalalàna amina taranja iray na maromaro toy ny mpisava habaka yahoo.com, na google.com, ireo koa dia tena nampiova zavatra be dia be satria lasa ny solosaina indray no tena mpiara-dia akaiky sy tandra vadin-koditra ny olombelona fa tsy ny samy olom-belona intsony. Miovaova ny fiaraha-monina vokatry ny teknolojiam-pifandraisana sy serasera izay tsy mitsaha-mivoatra ary tsy miverimberin-dalàna; tsy tahak'izay kosa ny politika.

Raha ny voasoratra fotsiny izao no tenenina dia azo raisina ny nanovaovana ny taona ahafahana mirotsaka ho Filoham-pirenena izay tsy maintsy feno 40 taona tamin'ny Repoblika I (Titre II, Art. 8, Loi 66-012 du 05.07.66); feno 35 taona katroka tamin'ny Repoblika II (Lalampanorenana, Fizar. IV, Laharana I, And. 48); naverina feno 40 taona katroka indray tamin'ny Repoblika III (Lalampanorenana, Fizarana III, Laharana I, And. 46) ary ho averina 35 taona indray raha arahina ny fanapahan-kevitry ny Fihaonam-bem-pirenena notarihin'ny Ray aman-dreny Mijoro sy ny Fiarahamonin'olompirenena tao amin'ny CCI ny 13-18 septambra 2010. Ny Filamatra koa dia novaovana araky ny toetrandro sy ny firehana nanjaka, ka raha "Fahafahana-Tanindrazana-Fandrosoana" izany tamin'ny Repoblika I (Titre I, Art. 2, Loi 66-012 du 05.07.66) dia niova ho "Tanindrazana-Tolompiavotana-Fahafahana" tamin'ny Repoblika II (Lalampanorenana, Fizar. I, And. 10) izay navadika ho "Tanindrazana-Fahafahana- Fahamarinana" tamin'ny Repoblika III, tapany voalohany (Lalampanorenana, Fizar. I, And. 4, Gazetim-panjakana laharana 2140 tamin'ny 21 sept. 1993 p. 2185) ary natao "Tanindrazana-Fahafahana-Fandrosoana" tamin'ny Repoblika III, tapany faharoa (Lalampanorenana, Fizar. I, And. 4, Lalàna Fototra 98-001 tamin'ny 08 aprily 1998 anasiam-panitsiana ny Lalampanorenana). Ny volavolan-dalam-panorenana (septambra 2010) ho an'ny Repoblika IV kosa dia mandroso ny "Fitiavana-Tanindrazana-Fandrosoana"[lxvi], ka ny hevi-baovao eto dia ny "fitiavana".

Ny fampanantenana politika koa dia nahitàna fiovaovana toy izany satria raha nampanantena "paradisa sosialista" ny mpitondra tamin'ny Repoblika II, ny kandidà Marc Ravalomanana kosa nampanantena "4L kely" isan-tokan-trano tamin'ny fampielezan-kevitra hifidianana Filoham-pirenena tamin'ny desambra 2001. Ary tsy ny eto an-toerana ihany no mampanofinofy ny vahoaka entina toy izany, fa ny any ivelany koa, toy ny Firenena Mikambana (FM) raha nampanantena "Fahasambarana" hoan'ny vahoaka eran-tany teo am-pananganana ny Sampan'ny FM momba ny Fahasalamana (OMS), tamin'ny 1947, ka namaritra ny fahasalamana toy izao: "ny fahasalamana dia tsy midika ho tsy fisian'aretina fotsiny, fa indrindra koa fiadanana ara-batana, ara-tsaina ary ara-piaraha-monina, izay fototry ny fahasambarana hoan'ny vahoaka rehetra"[lxvii]. Ny taona 1970 no miakatra dia nilokaloka indray ny FM fa hampandry tsara ny fari-piainana sy ny fahasambaran'ny taranaka amam-para eran-tany, tsy hoan'ny androany ihany fa hoan'ny rahampitso koa[lxviii]. Tamin'ny 1991, roapolo taona taty aoriana anefa dia niaiky ny FM fa "tsy misy mihitsy ahavita an'izany fahasambarana ho an'ny olombelona izany"[lxix] koa dia naleony nesorina tamin'ny fanamby napetrany izany resaka fahasambarana izany. Ny filokalokana ataon'ny politika moa dia tena lasa lavitra mihitsy indraindray rehefa mitamberina ato an-tsaina ny fiventin'ny mpikambana PSD fe-Repoblika I manao hoe : "Pisodia 'zahay mandra-pahafatinay". Nianjera anefa i Prezida Tsiranana ary hiditra Repoblika IV izao, iza amin'ireo niventy izany finianana ho "piso mandra-pahafatiny" izany no mbola sahy mitonona ho "Pisodia mandrakizay" amin'izao fotoana izao? Nisosoka moa avy eo ny "Ohé, Ohé" sy ny "Ao anaty Boky Mena" (Repoblika II) izay nodimbiasan'ny "Tiako i Madagasikara; sahia andeha hiara dia; aza kanosa fa avia; Ravalomanana no hitondra antsika" (Repoblika III). Asa indray moa izay ho avy rehefa migadona ny Repoblika IV sy izay antoko hanjaka ao!

Raha fintinina dia tsy misy mandrakizay ny lokaloka, jery sy tapaka politika, fa miovaova foana araka ny fotoan'andro sy ny safidy aroson'ny mpitondra fanjakana sy ireo rehetra kingalahy politika. Araka ny hitantsika etsy ambony, aty amin'ny tany an-dàlam-pandrosoana toan'i Madagasikara indrindra indrindra no miova haingana tsy misy fitohizany ny fenitra sy ny firehana politika, ka ny ahitana azy taratra tsy misy ihodivirana dia ny fanovana tsy misy hatak'andro ny Lalampanorenana sy ny teny filamatry ny Repoblika isaky ny misy savorovoro politika izao. Mahay mampanantena (indraindray ny tsy misy) tokoa ny mpanao politika raha ny resaka "fahasambarana" sy "paradisa sosialista" no atao jery todika. Ary izany fampanantenana izany dia tsy atao amin'ny sary vongana na amin'ny fijoroana toy ny maona eo anoloana ny mpifidy, fa amin'ny alalan'ny fandraisam-pitenenana, izany hoe amin'ny fampiasàna ny teny, dia ny teny Malagasy satria te-handresy lahatra, te hahazo vato!

Tsy ny fampanantenana sy ny fenitra ihany no miova araka izay eo amin'ny fitondrana fa ny fifandanjan-kery koa. Misy fiteny malagasy manoritra fa "kodiaran-tsarety ny fiainana, ka izay ambony mbola mety ho ambany, ary ny ambany mbola mety ho ambony". Ny mitondra ankehitriny dia mety ho lasa mpanohitra rahampitso, ary ny mpanohitra androany dia mety hitondra rahampitso. Tsy misy mandrakizay amin'ny politika. Mampahatsiahy ny teny ao min'ny Baiboly manao hoe "aza dia mirehareha ny amin'ny ho ampitso hianao; Fa na dia ny havoaky ny anio aza tsy fantatrao" (ohab. 27:1).

Ny fiaraha-monina Malagasy dia mbola mivelona amin'ny teny (*oral-based society*). Ny politika indrindra, dia miaina amin'ny hita maso sy ny teny. Nahoana ary ny teny Malagasy no mahavita azy rehefa te-hahazo ny fon'ny mpifidy ny mpanao politika kanefa lasa teny "vary amin'akofa" rehefa amin'ny an-davan'andro? Nahoana ny teny Malagasy no ifaneraserana rehefa hampaka-bady na hamangy manjo, kanefa dia mivadi-dela miteny sy manoratra amin'ny teny vazaha rehefa asam-panjakàna no atao, na dia samy Malagasy aza? Azo atao ny mino fa raha nampiasa ny teny Malagasy miaraka amin'ny fomba fisainana Malagasy ny Prezida Ravalomanana tamin'ny volana janoary-febroary 2009, dia tsy nahaloaka ny teniny hoe "tsapao aloha ny herinareo, izay vao miresaka; ary rehefa manao dia tohizo hatramin'ny farany". Izay anisan'ny nampipoaka ireny rotaka ireny.

Mbola nanaitra sy tsy nampino ny maro koa ireo teny navoakany mikasika ny fimenomenonan'ny olona noho ny fanotofana ny tanimbary eny amin'ny làlana *"digue"* raha nilaza izy, fa "raha mbola misy hafa azony totofana aza dia mbola ho totofany". Diso tafahoatra ilay fiteny! Tsy mifanaraka amin'ny toe-tsaina Malagasy manaja sy mandala fihavanana! "Ao am-bava ny aretina" !

Tena mampihozongozona sy mahaongana fanjakana tokoa noho izany ny fampiasana tsy voahevitra ny teny Malagasy. Rehefa tsy ampiasana feno koa izy anefa, dia tsy mety mafy fototra ny firenena. Izany ny ahiahy aroson'ity asa soratra ity, ka mahatonga izao fandalinana izao!

Ny teny no mivohy hevitra sy mampita izay jery-lavitra sy fampanantenana ataon'ny mpanao politika. Izy koa no mampifanakaiky na mampifanalavitra ny fomba fijerin'ny mpitondra sy ny entina, ny fomba fijery ny mpilatsaka ho fidina sy ny mpifidy, ny fomba fijery ny vahoaka tsy mandady harona sy ny mpahay raha amin'ny asa fampandrosoana. Mety ho kofehy mampitohy izy izany, na hantsana manasaraka? Alohan'izay anefa dia manana lanja manokana izy eo amin'ny maha-izy ny atao hoe firenena arakin'ny voazava tery amboalohany. Endriky ny hambom-po iraisan'ny olompirenena ao amin'ny tany iray ny fampirangarangana ny tenindrazana sy ny fanehoana ny fisiany indrindra eo imason'ny vahiny sy ao amin'ny haino aman-jery. Toa tsy mandeha ho azy anefa izany!

5 NY POLITIKA SY NY TENINDRAZANA: NY TENY MALAGASY ENDRIKY NY HAMBOM-POM-PIRENENA

Eo amin'ny sehatra politika ny hambo dia toetra ilain'ny mpanao politika, indrindra raha te-ho voafidy izy, satria ny ady politika dia tsy natao ho an'ny olona menamenatra sy badobado na be fanetre-tena. Izay mihambo fa mahavita azy, sy mahay mivarotra an'izany amin'ny mpifidy; izay miloka fa hanome fahafam-po ny vahoaka hiandraiketany ihany no mety ho lany. Eo amin'ny politika iraisam-pirenena moa, dia misy ilaina ny hambo indrindra indrindra eo amin'ny fampiasana ny tenindrazana.

Mampieritreritra noho izany eto Madagasikara ny mahita solontenam-panjakana avy dia miteny vazaha, satria hono be vahiny manatrika, koa aleo tonga dia teny vazaha no ampiasaina. Mampieritreritra koa ny maheno Lehibe manoro ny Ambasadaoro mba tsy hanoratra amin'ny teny malagasy, fa mandany fotoana be hono ny mamaky ny taratasy sy tatitra alefany. Mbola maha-lasan'eritreritra koa ny zava-nitranga tamin'ny diniky ny samy mpanao politika notarihiny ny CNOSC teny Vontovorona-Espace "Les Hérons" ny 25-27 aogositra 2010 natrehan'ny mpanoratra, raha nandray fitenenana ny mpanao tatitra avy amin'ny CNOSC ny 27 aogositra 2010, ka namaky an'izany tatitra izany avy hatrany amin'ny teny Frantsay. Ny mpivory tao anefa dia Malagasy avokoa, satria ny tanjona dia izay hampifanantonan'ny samy Malagasy. Marina aloha fa nisy solontenam-pirenena nanatrika tao avy any Afrika Atsimo sy avy amin'ny SADC. Kanefa ny ankabeazan'ny adi-hevitra, dia tamin'ny teny Malagasy na dia nitsofoka matetika teny ho eny aza ny voambolana vazaha toy ny *"médiation"*[lxx]; *"mouvances"*; *"consensualité"*, izay mbola horesahina etsy aoriana. Ohatr'izay ihany koa ny nitranga teny Ivato tamin'ny famaranana ny Fihaonambem-pirenena 13-18 septambra 2010, rehefa tonga dia novakian'ny mpitatitra avy hatrany amin'ny teny Frantsay ny vokatry ny fihaonana, satria hono "ho alefa any amin'ny Fiombonambe-iraisampirenena".

Ny Malagasy mpiray-tanindrazana nanaraka ny fampitàna mivantana tamin'ny haino aman-jery iny lanonam-pamaranana iny, indrindra ireo izay any ambanivohitra maro an'isa angamba, dia nety ho sahirana ihany nandray izay voavakin'ny nanao tatitra. Kanefa moa amin'ny politika dia misy resaka lanjan-kery foana, ka angamba tsy mbola ny Malagasy amin'ny ankapobeny aloha no nitodihan'ny tatitra, satria tsy izy no iantefan'ny hafatra tiana ampitaina voalohany! Tao an-tsainy ny Komity mpandrindra lalandava angamba ny resaka "fankatoavana iraisam-pirenena", izay katsahin'ny Fitondràna sy andrandrain'ny vahoaka Malagasy rehetra amin'izao fotoana izao?

Eo amin'ny sehatra iraisam-pirenena mihitsy anefa no tena fanandratana ny hambom-pom-pirenena, indrindra raha resaka tenindrazana no tenenina. Tsiahivina etoana ny tsikera nataon'Andriamatoa Raffarin an'ingahy isany Strauss-Kahn, Lamy ary Trichet izay minia tsy mampiasa teny frantsay rehefa mandray fitenenana. Tsy tsikera fotsiny moa no nataon'Andriamatoa Raffarin tamin'izany fa tena fampahatsiarovan-tena mihitsy: taratry ny hambom-pom-pirenena tokoa mantsy ny tenim-pirenena. Ka izany no nahatonga ny Kardinaly Richelieu nanangana ny Akademia Frantsay dieny ny taona 1635 mba hanaovana anakandriamaso lalandava ny teny Frantsay. Ary hatramin'izao dia mbola io Akademia io ihany no fitaratra sy masi-mandidy mikasika ny voambolana sy fitsipi-pitenenana ofisialy azo ampiasaina eo anivon'ny firenena Frantsay, indrindra moa rehefa misy voambolana vaovao hatsofoka ao amin'ny Rakibolana na fiteny an-davan'andro toy izay nitranga tamin'ny *"logiciel"*, *"internet"*, *"moteur de recherche"* sns...

Ary ny tena maha-lasa fisainana farany dia ny teny nampasaina tamin'ny dinikin'ny ankolafy efatra tany Maputo I-II (Mozambika) ny volana aogositra sy septambra 2009[lxxi]. I Maputo III tsy resahina satria ny ankolafy telo (Ratsiraka, Zafy, Ravalomanana) ihany no tany fa tsy nanatrika ny ankolafy Rajoelina. Ny tena tiana hosoritana eto dia Malagasy daholo ireo Filohan'ny ankolafy, manana mavesa-danja am-po tokony aposaka izy ireo satria tsy isan'andro no mifankahita. Ny lamba maloto ho sasàna koa dia Malagasy, mikasika an'i Madagasikara.

Raha nanao sosonkevitra tamin'ny Lehiben'ankolafy iray ny mpanoratra ny mety mahatsara ny hanaovana ny adihevitra amin'ny teny malagasy dia novaliany hoe, ahan, aleo amin'ny teny Frantsay! Anakam-pon'ny mpanoratra, dia ahoana ny momba ny hambom-pom-pirenena? Na dia any ivelany aza isika dia mbola Malagasy foana. Manandratra hambom-pom-pirenena ve ny famosahana eo anatrehin'ireo solontenam-iraisampirenena avy amin'ny FM, ny Firaisambe Afrikanina, ny OIF sy ny SADC notarihin'Andriamatoa Joaquim Chissano, Filoham-pirenena mozambikanina taloha, ny disadisa misy amin'izy efa-mianaka Filoha sy ny ratsy mety ifanomezany tsiny?

Ny tsiarambatelo tokony notazonina ho an'ny samy Malagasy eo ihany, fa ny fomba nambosahana azy amin'ny teny vahiny no tena maha-sadaikatra, satria tsy amin'ny fisainana Malagasy somary mitandrina eo amin'ny teny avoaka sy mitsinjo fihavanana hatrany, no nivoahany tao am-bava! Ny tantara no hitsara! Raha Frantsay ve no teo ka teratany anglisy no mpanelanelana dia ho natao tamin'ny teny Anglisy ny fifanakalozan-kevitra?

6 NY TENY MALAGASY HAZONDAMOSIN'NY FIRENENA: KOFEHY MAMPITOHY NY LASA SY NY ANDROANY ARY NY AMPITSO

Mazava ho azy moa fa raha natao tamin'ny teny Frantsay daholo ny adihevitra, dia tamin'ny teny Frantsay koa no nandrafetana ny Dinan'ny Tetezamita nosoniavin'ny Lehiben'ny Ankolafy[lxxii] efatra niampy an'ing. Chissano sy ireo mpanampy[lxxiii] azy, tany Maputo (renivohitry i Mozambika) ny 05-09 aogositra 2009. Io fanaovana rakikevitra amin'ny teny Frantsay io izay vao nadika teny Malagasy kosa aloha dia tsy ny Tetezamita no namorona azy. Efa nahazatra ny fitondram-panjakàna nifanesy io, ka anisan'izany ny Teti-Pivoarana[lxxiv] nivoaka tamin'ny 1973 ka hatramin'ny 1980. Ny taty aorianan'izay moa dia tonga dia nijanona amin'ny teny Frantsay toy ny *"Stratégie Nationale de Lutte contre la Pauvreté"* (Février 1997) na ny *"Document Stratégique sur la Réduction de la Pauvreté 2003-7"*. Ny Madagasikara Amperinasa na MAP angamba no niavaka kely satria tamin'ny teny ofisialy telo no nivoaka dia ny teny Malagasy, ny teny Frantsay ary ny teny Anglisy.

Ahoana kosa ny amin'izao tetezamita izao?

Eo amin'ny fandraisam-pitenenana tsy voasoratra mialoha, fa atao an-kandrina no ahitàna ny mpitondra sy ny mpanao politika mitsinjo na tsia ny teny malagasy. Raha izay no resahina, dia tsy ny zokiolona ihany no mahavita azy, fa ny mpikatroka politika tanora koa. Mahavariana ohatra, ny Filoha ny Fitondràna Avon'ny Tetezamita rehefa manao valan-dresaka[lxxv], satria tena manandratra avo sy mikajy fatratra ny teny Malagasy izy. Soa fa misy tanora hafa, mpanao politika koa, manao toa azy. Raha ny hatanoràny sy ny vaninandro (n)iainany tokoa manko no jerena, dia tsy mampino mihitsy hoe tokony ahafehy ny teny Malagasy toy ireny ataony ireny izy, fa tokony ho tratran'ny *"diglossia"* na ny fampifangarona voambolana sy fomba fiteny, ka sady tsy teny Frantsay madio no tsy teny Malagasy mazava no mivoaka, fa lasa rafi-teny Frantsay-Malagasy.

Ary io teny "vary amin'anana" io no hita eny amin'ny ankabeazan'ny mpitondra fanjakàna sy mpanao politika. Izany dia tsy azo afenina fa mibaribary toy ny vay ankandrina, na teny Vontovorona nivoriany ny Sehatra Ifanakalozan'ny Mpanao Politika (ESCOPOL) sy ny Fikambanana manao politika (*Associations Politiques*) notarihin'ny CNOSC na teny Ivato tamin'ny Fihaombem-Pirenena, notarihin'ny Ray aman-dreny Mijoro sy ny Vondron'ny Fiaraha-monin'olom-pirenena.

Maro tokoa ireo mpizaika no nampiasa fehezan-teny izay ny votoatiny amin'ny teny Frantsay fa ny teny fanohizana fotsiny no teny Malagasy, ohatra: "atao ny *mise en oeuvre* ny *accord politique*"; ny *médiation nationale* tokony ho *préparation* ny *conférence nationale*" (heno teny Vontovorona). Tamin'ny Fihaonambem-pirenena moa dia novakiana mivantana amin'ny teny frantsay ny tarehi-marika vokatry ny isam-bato isam-baomiera "satria tiana ho mazava tsy misy fisalasalana amin'ny rehetra ny isa voatonina hoy ny mpitarika fivoriana", ohatra *"six cent cinquante trois"* (653) tsy nanaiky ny hanisiana *"Vice-Président"*; *"mille cinq cent soixante neuf"* (1569) nilaza fa izay ho mpikambana ao amin'ny

Governemanta dia tokony ho teknisiana, fa tsy ho olon'ny politika (heno teny Ivato). Tao amin'ny Vaomiera Koltoraly aza moa dia nilavo lefona in-droa ny teny Malagasy, satria tsy neken'ny mpizaika atao "teny fampianarana" etsy andaniny, ary nolaviny koa "hampiasain'ny mpitondra Malagasy rehefa mandray vahiny izy", an-kilany!

Ny ezaky ny samy Malagasy hialàna amin'ity korontana politika ity moa dia voabahana teny Frantsay vitsitsivitsy nateraky ny Dinika nifanaovan'ny ankolafinkery efatra tany Maputo ny volana aogositra 2009, dia ireto avy: *"neutralité"* (tsy mitanila), *"inclusivité"* (miara-mitondra, na voaray ao amin'ny fitondràna daholo ny rehetra), *consensualité"* (marimaritra iraisana). Nampian'ny fihaonana teny Vontovorona namoaka ny hoe *"nouvelle inclusivité"* (fiarahamitantana amina endrika vaovao). Ny Dinika tany Addis-Ababa (Etiopia) tamin'ny volana novambra 2009 indray moa dia niteraka ny atao hoe Fifanarahana Tovana tany Addis-Ababa (*Acte Additionnel d'Addis-Abéba*) sy ny Filoha-Miara-Mitantana (*Co-Présidence*) izay noventesin'ny Ankolafy Madagasikara (*Mouvance* Madagasikara iraisan'ny Ankolafy Telo Ratsiraka, Ravalomanana, Zafy) ombieny ombieny, ary tsy nihato raha tsy nanambara tamin'ny fomba ofisialy ny Prezidan'ny Fitondrana Avon'ny Tetezamita, tao aorianan'ny Dinika faran'ny ankolafy efatra tany Pretoria (Afrika Atsimo) ny 28.04-01.05.2010, fa tsy misy intsony ny ankolafy Rajoelina.

Ny tena malaza indray izao dia ny fampiharana ny *"Accord Politique"* sy ny Tapaka (*Résolutions*) tamin'ny Fihaonambem-pirenena *"masi-mandidy"* (*souverain*) teny Ivato ny 13-18 septambra 2010. Anisan'ny fotototr'io Fihaonambe io ny Tahirin-kevitra famintinana ny Dinika Santatra natao eran'ny Distrika ny 29-31 jolay 2010 izay niompana tamin'ny *"fitadiavana vahaolana miorimpaka"*, ary amin'ny "hanoratana pejy (politika) vaovao". Araka ny maha-tahirinkevitra azy dia amin'ny teny malagasy no nandrafetana azy; samy Malagasy rahateo no nifampidinika tao.

Toy izany koa ny Tatitra momba ny Fihaonambem-pirenena izay nanandratra ambony eo amin'ny fonony ireto teny fohy ireto: "Fireneko; Firenenao; Firenentsika". Fa mampieritreritra kosa (eo amin'ny pejy fonosana ihany), ny fampidirana teny vazaha nampaha-tsiahivana ny andro sy ny toerana nanaovana azy: *du 13 au 18 septembre 2010 au Centre de Conférences Internationales d'Ivato*[lxxvi]. Tena mampieritreritra!

Ary mahavelom-panontaniana toy izany koa ny teny vazaha zato isanjato nandrafetana ny *"Glossaire*[lxxvii] *élaboré par le Comité Consultatif Constitutionnel, Septembre 2010"*, hoan'ireo zay liana te-ahalala momba ny tontolo politika manomboka amin'ny tsy fahatongavan'ny mpifidy handatsa-bato (*abstention*) ka hatramin'ny *"vacance"* (*de pouvoir*) na fahabangan-toerana.

Natao ho an'ny mahay-taratasy avo lenta sy ny kinga lahy politika fotsiny ve ny resaka politika, kanefa ny maharary sy ny hoavin'ny firenena manontolo- izany hoe ny ho avin'ny "firenentsika"- no ikaonan-doha? Rehefa higadona anefa ny fifidianana dia ny valala be mandry no handatsa-bato? Tsy misy hafa amin'izany koa ny volavolan-dalàm-panorenana nandalo teo ambany mason'ny mpanoratra ny herinandron'ny faha-27 septambra 2010 izay tamin'ny teny vazaha rano fotsiny. Ary toy ny fahita eo amin'ny raharaham-panjakàna dia amin'ny teny Frantsay koa no namolavolan'ny mpanao politika ny Didy-Hitsivolana hananganana ny Andrim-panjakàna toy ny Antenimeran'ny Tetezamita (CT) sy ny Antenimieran-doholon'ny Tetezamita

(CST).

Ny Antoko politika rahateo moa dia manara-drenirano fotsiny satria ny Tetikasa-Mpiaraha-monina (*projet de société*)[lxxviii] ataony dia amin'ny teny Frantsay fa ny teny Malagasy hono manaraka ihany. Hoatrany tsy tsaroana fa ny teny no hazondamosin'ny firenena. Koa aleo angamba hiantso an'i André Randriantsalama (1983:100-1) izay nanantitrantitra fa ny fanorenana[lxxix] tiana ho tanteraka eto Madagasikara dia ho zava-poana, raha toa ka atao ambanin-javatra ny tenin'ny tena. Hoy indrindra manko izy: "*la langue d'une nation porte et épanouit, de façon irremplaçable, sa personnalité et sa culture, c'est-à-dire, son identité et son âme*". Raha ny marina izany dia tsy vitan'ny hoe hazondamosin'ny firenena ny teny, ny "(Malagasy) fiteny mamiko" (Rajemisa-Raoilison), fa tena endriny sy fanahiny mihitsy.

Savorovoro politika miverimberina: inona no fanefitra?

7 NY ANDRAIKITRY NY POLITIKA

Fandre amin'ny mpanao politika etsy sy eroa na ao amin'ny haino aman-jery na an-gazety, na teny Vontovorona na teny Ivato farany teo, fa ny nipoiran'izao savorovoro izao dia lonilony politika, noho izany, ny vahaolana voalohany koa dia tokony ho politika. Ny ambanilanitra rehetra, ny vahoaka malagasy tsy vakivolo, ny fianakaviam-be iraisam-pirenena koa moa, dia tsy misy tsy miaiky fa ao amin'ny sehatra politika ny fanalahidin'ny fivoahana amin'ity "krizy" tsy manam-paharoa ity. Lehibe dia lehibe noho izany ny adidy aman'andraikitra mitambesatra eo an-tsoroky ny kingalahy sy mpilalao politika rehetra, satria izay hiafaràn'ny firenena androany, rahampitso, raha afak'ampitso mihitsy no eo am-pelatànany. Ny "adidy hono tsy an'olon-dratsy" hoy ny fitenintsika Malagasy, koa ny fanandratana ny teny Malagasy, anisan'ny antoka lehibe mampijoro ny firenena amin'ny fomba maharitra, dia miankina amin'ny finiavan'izy ireo, amin'ny fahasahiana sy hambom-po asehony, fa tena firenena manana ny maha-izy azy, fa tsy vandam-bandana ny firenena Malagasy.

Toy ny politika ianjadian'ny fiovana noho ny toetrandro, dia iharan'ny fiovaovana koa ny teny velona toy ny teny Malagasy. Ary eo amin'ny fomba fitenenana sy ny voambolana ampiaisaina dia mifampaka- tahaka ny olombelona. Eo anivon'ny fianakaviana dia izay teny avoakan'ny ray aman-dreny no alain'ny ankizy tahaka; ary eo amin'ny fitondràna sy ny sehatra politika, dia izay teny fampiasan'ny mpitondra sy ny mpanao politika no tafiditra ao an-dohan'ny mpihaino sy mpijery, araka ny fanamarihin'i Barber manao hoe : *"people with the most prestige are most likely to be imitated"*[lxxx], izany hoe arakaraka ny maha-ambony toerana ny mpiteny no andraisan'ny vahoaka ny fomba fiteniny. I Johann. v. G. Herder filozaofy sy mpanoratra alemana tamin'ny taonjato faha 18-19 moa, dia efa nanipika fa ny teny sy ny saina[lxxxi] dia tsy misaraka mihitsy. Izany hoe ny teny avoaka dia taratry ny fomba fisainana koa. Mipetraka izany ny fanontaniana: teny "vary amin'anana" sy izay hevitra voafono ao anatin'izay ve no tian'ny mpanao politika ho lasa fomba fitenenana sy famosahan-kevitra eto amin'ny firenena? Izay ve no lova tiany havela ho an'ny taranaka amam-para? Raha ny tenim-pirenena no masontsivana iray hanavahana ny firenena iray amin'ny hafa, mbola ho Malagasy ihany ve no ho anaran'ity firenena ity, raha izao teny Frantsay sy teny "vary amin'ankofa" izao no manavanana ny mpitondra sy ny mpanao politika?

Ankoatran'izay, efa mifanatona ny samy Malagasy, na dia mbola mitady hizara roa aza izany fifanatonana izany, dia ny iray izay tarihin'ny Raiamandreny Mijoro, etsy an-daniny, ary ny hafa izay tantanan'ny CNOSC eo ambany fiahian'ny Fianakaviambe iraisam-pirenena toy ny SADC misy an'i Chissano sy Dr. Simao sns., etsy an-kilany. Tsy ny teny malagasy ihany no voakasikasika eto, fa ny hambom-pon'ny samy Malagasy mihitsy, ny maha-izy azy ny Malagasy. Fomba fijery samihafa no tena mipetraka eto; fanomezana na tsy fanomezana hasina ny soatoavina Malagasy mifototra amin'ny hoe "ny tokantrano tsy ahahaka"; sy ny "aleo very tsikalakam-bola toy izay very tsikalakalam-pihavanana". I Prof. Raymond Ranjeva, izay Filoha-Lefitry ny ICC (La Haye) teo aloha aza, dia nanangana ny "Vonjy Aina" mba hahamoahana an'i Madagasikara amin'izao kizo izao. Ny Malagasy manam-pahaizana (*technocrates*) sy tsy voafatotry ny politika no antsoiny hifanome-tànana azy amin'izany.

Efa andron'ny fampihavanana eo amin'ny samy Malagasy izao, ary ny Savaranonando ny Volavolandalàmpanorenan'ny Repoblika IV hatolotra ny mpandatsabato amin'ny Fitsapan-kevi-bahoaka ny 17 novambra 2010, dia mbola manitrikitrika, fa ny maha-Malagasy dia mifototra amin'ny soatoavina nentim-paharazana sy ny hoe, ny "fanahy no maha-olona" izay mahafaoka ny "fitiavana, ny fihavanana, ny fifanajàna ary ny fitandroana ny aina". Ny Lalàmpanorenan'ny Repoblika III moa dia naninzingizina tao amin'ny Savaranonando fa ny vahoaka Malagasy dia "fatra-pifikitra amin'ny soatoavina eo amin'ny lafiny kolontsaina sy ara-panahy ka anisan'izany ny fihavanana izay antoky ny Firaisam-pirenena". Voalohany, dia amin'ny teny inona moa no hampitaina amin'ny taranaka amam-para an'izany soatoavina izany? Tsy amin'ny teny Malagasy? Matoa izy soatoavina dia satria, efa nitsiry sy nifototra tao amin'ny tantaran'ny tany sy ny firenena! Faharoa, toy ny soatoavina koa, ny teny iraisan'ny firenena anankiray, dia niara nivoatra amin'ny tantaran'io firenena io. Ny antsika Malagasy ohatra, dia ny teny vahiny Anglisy no nanjaka talohan'ny fanjanahantany Frantsay, fa taorian'ny 1896 naha-lasa zanatany an'i Madagasikara vao nibahana ny teny Frantsay. Ary araky ny voatanisa ery ambony, ny teny Malagasy dia manana ny tantarany manokana eo amin'ny toerana omen'ny politika azy, eo amin'ny fampandehanan-draharaha an-davan'andro, sy eo amin'ny fampianarana. Manana andraikitra lehibe amin'ny tantaram-pirenena noho izany ny politika araka ilay nosoritana teo aloha manao hoe: "ny tantara dia politikan'ny lasa, fa ny politika dia tantaran'ny ho avy". Tsy misy firenena miforona ao anatin'ny indray andro rahateo! <u>Ny teny sy ny firenena izany dia zanaky ny tantara</u>.

Raha samy tany Afrikana, dia anisan'ny niangaran'ny vintana sy ny Nanahary i Madagasikara, satria ny an-kabeazan'ny tany afrikana dia tsy manana tenimpirenena hatao masontsivana, hanavahan'azy amin'ny firenen-kafa.

Ny Afrika andrefana *"francophone"* ohatra izao dia tsy manana afa-tsy ny teny frantsay ifampiresahana amin'ny fomba ofisialy. I Afrika Atsimo izay eto akaiky eto aza moa dia manana teny ofisialy iraika ambinifolo[lxxxii], kanefa rehefa eny an-toerana dia teny Anglisy ihany no tena ifankazahoan'ny rehetra tsy an-kanavaka. Isika Malagasy manana teny ifankazahoana[lxxxiii] eran'ny lafy valon'ny Nosy, dia manasaro-javatra. Raha ny zava-misy amin'izao fotoana izao no dinihina akaiky dia azo sokajiana toa izao ny teny Malagasy misy eto araka ny heno etsy sy eroa: Malagasy tenindrazana na tenim-pirenena; Malagasy tenin-dreny na tenim-poko; Malagasy tenim-paritra.

Raha mbola tanindrazana iombonana no fiheveran'ny samy Malagasy an'i Madagasikara dia tsy tokony hisy fihambahambàna ny hilazàna, fa ny teny Malagasy ofisialy izay azon'ny rehetra eto Madagasikara na ny firenena manontolo, dia tenindrazana na tenim-pirenena. Ao amin'ny volavolan-dalampanorenana ho an'ny Repoblika IV moa dia sady tenimpirenena no teny ofisialy ny Malagasy. Ny tenim-paritra kosa angamba dia azo aravona ao anatin'ny tenim-paritra, na tenin-dreny, na tenin-drazana, na tenim-poko. Tsy handalina an'izany anefa ity famakafakàna ity, fa te-hampivoitra fotsiny ny kofehy mampiray ny teny ao anatin'ny firenena iray dia ny fahazoan'ny rehetra azy (*"intelligible" to everybody; langue parlée et comprise de tous*).

Tena manana ny lanjany tokoa io mpamaritra hoe "azon'ny rehetra io", satria raha tsy izay, dia tsy hisy ny fampihavanana, ary tsy hisy koa ny fifanakalozan-kevitra (*dialogue*), fa dia hiteny irery (*monologue*) eo ny mpifanandrina politika. Ary etoana dia tiana asiana tsindrim-peo manokana ny toetoetry ny teny, amin'ny maha taratra hita mason'ny maha-firenena ny firenena (*symbole*) azy, ary ny maha fitaovana lehibe azy, eo amin'ny fampitàna hevitra, hafatra ary fomba fijery politika eo amin'ny samy mpanao politika etsy an-daniny, ary eo amin'ny mpitondra sy ny vahoaka, ary ny mpilatsaka ho fidina sy ny vahoaka mpifidy, an-kilany (*communicative tool*). Ary amin'izao korontana politika izao, ny teny ifanaovana sady ifanarahana no mety afaka mitondra haingana ny mpifanandrina politika rehetra any amin'ny marimaritra iraisana, sy ny fiaraha-mitondra ny tetezamita. Araka ny filazan'ilay olo-malaza iray izay hoe, eo amin'ny fahaiza-miteny sy mamaly ny fanontaniana mipetraka, no ahitàna ny fahaiza-manaon'ny fitondràna sy ny mpanao politika (*capacité politique*), fa tsy amin'ny fampiasan-kery (*usage de la force*). Averina indray: taratry ny fomba-fijery sy fieritreritra ny teny avoaka. Mipetraka tsara eto ny resaka i N. Long momba ny "*interface*"[lxxxiv].

I N. Long (1989; 1992; 2001)[lxxxv] dia sosiaology nandinika manokana momba ny asa fampandrosoana eny ambanivohitra. Tamin'izany dia nampiasainy ny "*interface*", hijerena akaiky ny mampifandona ny vahoakan'ambanivohitra sy ny manam-pahaizana manokana momba ny fampandrosoana, ary koa ny mpiasa birao (*bureaucrats*) rehefa ampiraisin'ny asa izy ireo. Satria samy mpandray anjara (*actors*) no voakasika dia fomba fiatrehana asa mifantoka amin'ny mpikatroka eo amin'ny fampandrosoana (*actor-oriented approach*) no nilazan'i Long azy, ary "*interface analysis*" kosa no nataony anaran'ny fomba famakafakàna. Tery ambony dia efa nofaritana ny karazany telo amin'izany "*interface*" izany, ka ao ny "*inter facies*" (tava mifanatrika), na ny "*inter-facies*" (tava misy manelanelana), na ny "*interfacies*" (tava mifampikasoka). Ka ny tena indramina amin'i Long eto, dia ny atao hoe "*social interface*", izay mampivoitra ny vinavinam-piainana (*worldviews*)[lxxxvi] sy ny fomba fijery itovina na tsia, mampifandray na mampisaraka, eo amin'ny samy mpandray anjara, rehefa mihaona na mifankahita (*social encounters*). Rehefa ny vinavinam-piainana sy ny fomba fijery no tsy mifanojo dia disadisa (*frictions*) no aterany, ka miafara matetika amin'ny tsy fahombiazana eo amin'ny asa fampandrosoana. Toa hita koa izany eo amin'ny lafiny politika rehefa mifanalavitra ny fomba fiteny, ny fomba fijery, ary ny fomba fihetsikin'ny mpanao politika amin'ny vahoaka, ka lasa "very fanahy mbola velona" ireto vahoaka entina sy tarihina. Ny fitsongaina ny "*interface*" noho izany dia tena zava-dehibe satria mamaritra na manova ny fahazoan'ny tsirairay ny atao hoe "politika", indrindra eto Madagasikara, amin'ny fitadiavana izay hisorohana ity fiverimberenan'ny savorovoro politika sy ny voka-dratsy aterany ity.

Hatramin'izao ohatra dia mbola resabe eo amin'ny sehatra politika ny hoe Fihaonambe faharoa ("bis") tadiavin'ny CNOSC[lxxxvii] hatao, satria izy no an-kasitrahan'ny fianakaviambe iraisampirenena hanao ny asa fanelanelanana sy fampihavanana, eo amin'ny samy Malagasy. Io fankasitrahana io manko hoy ny CNOSC ampian'ny ankolafy kery telo, no manokatra ny làlana mankany amin'ny fankatoavana iraisam-pirenena. Ny Fahefà-mahefa sy ireo antoko politika nanao sonia ny Fifanarahana Politika teny Ivato, miampy ireo Firehana Hafa (*autres sensibilités na AS*) nivory teny "Les Hérons" Vontovorona anefa, dia mandà ny hisian'izany fihaonambe faharoa izany. Ilay natao teny Ivato ny 13-18 septambra 2010 teo hoy ry zareo dia masi-mandidy, ary indrindra indrindra, novinavinaina sy nalamina hifanakalozan-kevitry ny samy Malagasy! Mifanalavitra noho izany, ny fomba fijerin'ireo izay nanohana sy nankasitraka ny fivoriana teny Ivato etsy an-daniny, ary ny CNOSC sy ny ankolafin-kery telo te-hamory indray ny Malagasy, satria hoe izay no làlana sitraky ny fianakaviambe iraisam-pirenena, etsy an-kilany.

Mivoaka ho *"interface"* eto ny resaka hambom-po amin'ny maha-malagasy, izay tsy manaiky *"diktat"* miafina avy amin'ny any ivelany na ny fianakaviambe iraisampirenena. Ny CNOSC sy ny ankolafin-kery telo kosa anefa, dia tsy manao izay hambom-po maha-Malagasy izay, ho loha-laharana, fa mandrangaranga toy ny **"vatomamy"** am-pilendalendana ankizy ny hoe: "ny fihaonambe ataonay anie no mitondra fankatoavana iraisampirenena e"! Efa ho roapolo volana izao no niandrandrain'ny besinimaro an'io fankatoavana iraisam-pirenena io! Tena lehibe noho izany ny *"interface"* manasaraka ny mpomba ny fihaonambe voalohany sy ny mpomba ny fihaonambe *"bis"*! Kanefa samy Malagasy no miresaka!

Tsy lazaina intsony ankehitriny, ny maha-very saina tanteraka ny Malagasy mpanara-baovao rehetra, izay tsy mahazo an'ity resabe momba ny fihaonambe ity, izay heveriny fa adin'ombalahy fotsiny eo amin'ny samy mpanao politika mba hahazahoana fahefana sy "seza". Ny an'ny sarabambem-bahoaka indray, dia izay hivoahana haingana amin'izao fisavoritahana politika izao no maika, mba hilaminan'ny firenena sy izay rehetra miankina amin'izany, na eo amin'ny lafiny aram-piaraha-monina (ohatra, ny resaka fivelomana), na eo amin'ny ara-toekarena (ohatra, ny fiverenan'ny fitokisan'ny mpampiasa vola avy any ivelany, izay afaka mitondra na mamelona orinasa miteraka asa). Mazava ho azy koa izany eto ny *"interface"* eo amin'ny mpanao politika sy ny daholobe: tena mifanipaka!

Ny fifandakan'ny *"interface"* miainga amin'ny tsinjom-piainana na (*"vision du monde"*)-ny mpanao politika sy ny daholobe anefa dia tsy zava-baovao. Eo amin'ny teny Malagasy fotsiny dia be ny azo lazaina.

Ny Repoblika I izay nanao ho faneva ny "politikan'ny kibo" ohatra, dia nanantitrantitra fa "asa (izao) fa tsy kabary"[lxxxviii]. Mazava tokoa ny hevitra voafono ao anatin'izany baiko manentana hiasa izany. Saingy ahoana moa no hanakananao ny Malagasy izay mbola mivelona amin'ny teny,[lxxxix] tsy hanindraindra ny kabary, izany hoe ny teny velona? Eo amin'ny tantaran'izao tontolo izao rahateo, ny teny am-bava dia nialoha ny teny an-tsoratra! Izay indray, ny teny Malagasy dia nambaniana satria ny teny Frantsay no nomena ny maritoetra hoe "teny baiko"! Tena nanamafy orina ny maha-zanatany aran-tsaina antsika io fanaovana ny Frantsay ho teny baiko io, hoy i Mannoni (1950) nandinika ny vokatrin'ny fanjanahantany ara-kolontsaina[xc] teto Madagasikara.

Mbola azo tsiahivina eto koa ny adi-hevitra tany amin'isan-tokantrano Malagasy, manodidina ny nomerao homena ny fiarakodia teto Antananarivo. Mbola tanora vatombatony ny mpanoratra tamin'izany, saingy efa nahazo tsara ny fipetrakin'ny fanontaniana, dia ny hoe: efa dila ho tapitra izao ny nomerao TB, ka hanao ahoana ny fanapahan-kevitrin'ny Fanjakàna? Hanaja ny abidia malagasy (izay tsy misy ny soratra C ve?) sa handalo amin'ny TC, izay handray ny abidia frantsay? Vao nanomboka koa moa ny andron'ny fahaleovantena tamin'ny taona 1960, ka mbola niketriketrika tao amin'ny tsirairay ny hafanam-po hampidera fa tena mahaleo tena tokoa i Madagasikara, ka afaka mampiseho an'izany amin'ny fomba tsy mihambahamba. Raha izany no dinihina, dia tokony nanome fanazavàna mialoha tamin'ny haino aman-jery ny Fanjakàna Malagasy, milaza ny antony- tsy azo ihodivirana-, tsy itazonana ny abidia Malagasy. Fanabeazana manko ny politika ka adidy aman'andraikitry ny fitondràna ny manazava ny saim-bahoaka amin'ny fanapahan-kevitra raisiny.

Tsy takatry ny mpitondra tamin'izany mihitsy angamba, fa mety hiteraka *"interface-rindrina,"* manasaraka azy amin'ny vahoaka, ny tsy firaharahiana ny kolontsaina Malagasy. Na tsy niteny aza ny Malagasy, dia nahatsiaro ao am-pony ho toy ny voahosihosy, natao tsindry hazo lena (*frustré*). Koa tsy mahagaga raha ny fanajàna ny teny sy ny kolontsaina malagasy, no anisan'ny fitakiana mafonja nivoaka voalohany, tamin'ny fikomian'ny mpianatra tamin'ny 1972.

Raha ny tantaran'ny teny eran-tany no jerena akaiky, dia tsy misy ny teny madio; mangarahara (*pure language*). Mifampindrana daholo ny tenim-pirenena arakaraka ny toetr'andro, sy ny fifampikasohan'ny samy firenena, ny fifandra-monina miditra (*immigration*) na mivoaka (*émigration*), ary ny tantaram-pirenena (ohatra, nianjadian'ny fanjanahana na *colonisation*). Amin'izao taonjato faha-21 izao, dia miantraika lehibe eo amin'ny tenim-pirenena tsirairay avy ny voambolana entin'ny asa soratra (fomba efa nahazatra) sy ny teknolojia momba ny fifandraisana sy ny serasera, na ny taloha toy ny haino aman-jery, na ny vaovao toy ny aterineto, ny finday, ny *i-phone* sns. (fomba vaovao). Ny faramandimby (*génération*) miaina amin'izao fotoana izao, izay milomano ao amin'ireo teknolojia vaovao ireo, dia lasa mampiasa teny hafa kely, izay soratana arakin'ny feony fotsiny, fa tsy arakin'ny fitsipi-pitenenana tokony hifehy azy (ohatra ny SMS).

Fa amin'ny ankapobeny, dia azo lazaina fa mifampindrana ny teny eran-tany, ka raha ny eo amin'ny sehatra politika fotsiny dia ahitana ny *"Realpolitik"* sy ny *"Ersatz"*, izay avy amin'ny teny alemanina kanefa dia efa lasa tafiditra ao amin'ny voambolana iraisam-pirenena, na Frantsay, na Anglisy/Amerikana no miteny. Toy izany koa ny fampiasan'ny Anglisy/Amerikana sy ny Alemanina ny *"laissez-faire"* si *"peu à peu"* izay avy amin'ny teny Frantsay.

Tsy latsa-danja amin'izany koa anefa ny nandraisan'ny Frantsay sy ny Alemanina ny fiteny Anglisy/Amerikana hoe *"fair-play"*, *"loser"*, sy *"has been"*. Ary farany, dia mbola azo tanisaina eto, ohatra, ny *"Glasnost"* sy ny *"Perestroika"* avy any amin'ny firenena Rosiana, izay lasa voambolana malaza eran-tany, eo amin'ny resaka politika. Tsy hoe mindrana ihany fa mivoatra koa ny teny noho ny toetrandro. Ny "rotaka" tamin'ny 1972 ohatra dia lasa "sakoraka" tamin'ny 2008-2009. Tena miaina, tena velona ny teny Malagasy.

Tsy misy izany ny tenim-pirenena sahy milokaloka fa "madio, tsy mifangaro", no tsy misy koa ny teny foromporonina fotsiny, tahaka ny "Malagasy iombonana"[xci] novinavinaina tao anatin'ny Boky Mena. Ny asa soratra hoy i Russell no mahamafy orina ny tenim-pirenena, satria araka ny fitenintsika koa, dia hoe "ny teny manidina, fa ny soratra no mitoetra". Raha mitety trano fivarotam-boky anefa, dia tsikaritra fa raha momba an'i Madagasikara, dia boky nosoratana vahiny no maro nohon'ny boky nosoratan'ny Malagasy. Ny "Magazine" mitantara momba izay mitranga eto Madagasikara rahateo, toy ny ROI, Lettres de l'Ocean Indien, na magazine "Madagascar" sns., dia mivoaka amin'ny teny Frantsay avokoa. Ny gazety mivoaka isan'andro tahakan'i Midi Madagasikara, La Gazette de la Grande Ile, Les Nouvelles, L'Express, La Vérité, Madagascar Matin sns., izay fahita eny ambony latabatran'ny avara-pianarana sy ny mpitondra ary ny kingalahy politika aza, dia ibahanan'ny teny Frantsay eo amin'ny voalohan-pejy sy ny pejy roa na telo manaraka azy. Kanefa amin'ireo voalohan-pejy ireo indrindra no ahitana ny momba ny resaka politika. Aty am-povoany na any amin'ny faram-parany any, vao mba misy vaovao amin'ny teny Malagasy. Misy ihany ny gazety amin'ny teny malagasy toy ny Basy Vava, ny Gazetiko, ny ao Raha, ny Malaza[xcii], na ny Taratra, fa ny sarabambem-bahoaka no toa hita milanjalanja mamaky azy (ohatra, ny mpitondra taxi-be sy ny mpitondra taxi fiara karetsaka).

Tsy tokony hahagaga anefa raha anjakàn'ny teny Frantsay toy izany ny boky aman-gazety eto Madagasikara, satria tsena toy ny tsena rehetra ny tsenam-baovao sy serasera, ka ny lalàn'ny "tolotra" sy ny "tinady" no mibaiko azy. Voaray ao amin'izany ny haino aman-jery miankina sy tsy miankina, izay mampiasa teny "vary amin'anana" manimba sofina, indrindra eo amin'ny fotoanan'ny dokam-barotra: na sakafo no resahina, na informatika, na fikojakojana bika sy tarehy, na resaka akanjo...; tsy fantatra intsony na Malagasy no miteny na *"créole"*. Ankoatran'ny "inty" sy "nday" voalaza etsy ambony, amin'ny maha-tsenam-barotra ny vaovao sy serasera, dia manan-danja lehibe eo amin'ny fanontana boky sy gazety koa ny fahefa-mividin'ny mpamaky.

Azo raisina toy ny tsena koa ny sehatra politika rehefa te-handresy lahatra na hampiely hevitra ny mpanao politika, na an-davan'andro na amin'ny fotoam-pifidianana. Ny mpanao politika milatsaka ho fidina sy ny mpifidy eto dia ohatry ny any an-tsena mihitsy. Samy mitady tombontsoa: ny kandidà te-ho lany, ny mpifidy kosa te-hahita ny faripiainany hihatsara[xciii]. Tsy maintsy mahalala tsara izay andrasan'ny vahoaka mpifidy izany ny kandidà, ary ity farany kosa etsy an-daniny, dia miandry ny kandidà "hivarotra" aminy ny "entana" mampanantena, sy mampanonofy ny ambanilanitra mpifidy, izay hampiseho fahavitriana hividy (handatsa-bato hoan'ilay kandidà raha maha-resy lahatra), na hitakemotra tsy hifidy, na handatsa-bato hoan'ny mpifanandrina amin'ny kandidà (raha tsy mahay "mivarotra" ny heviny io kandida io). Arak'izany dia tsy natao hoan'ny saro-kenatra sy votsa-teny mihitsy ny dokam-barotra politika (atao hoe, fanentanana, na fitaoman'olona, na fandresen-dahatra, eo amin'ny fiteny politika). Etsy andaniny koa, dia izay mampiasa hevitra manintona sy "mahasarika" haingana ny mpifidy no mety ahazo vahana sy ho lany, eo amin'ny fifidianana. Izany ohatra, no nambabo ny mpifidy tamin'ny desambra 2001, rehefa nolazain'ny kandidà Ravalomanana fa "tsy hivarotra anana intsony, fa hanana 4L ny isan-tokantrano".

Tsy fantatra tsara kosa anefa ny fiantraikin'ireto tenim-panentanana ireto teo amin'ny vahoaka, ohatra: ny "Ento miakatra ity firenena ity" (Repoblika III, Zafy Albert), sy ny "minoa fotsiny ihany" (Repoblika III, Ravalomanana) izay mety tsy nahakendry afa-tsy ny kristianina[xciv]. Ny "mamokara, mamokara, mamokara hatrany (Repoblika II, Ratsiraka) sy ny "miasà haingana, miasà mafy, miasà tsara" (Repoblika III, Ravalomanana) indray, dia mety tsy nanokatra afa-tsy ny sofin'ny mpamokatra sy ny mpiasan'orinasa fotsiny. Ny mpiasa-mpanjakàna ohatra, dia mety nahatsiaro tsy ho voakasika, satria ny "mamokara, mamokara" sy ny "miasà mafy", dia tsy marin-pandrefesana ny asa vitany, eo amin'ny raharaham-panjakàna. Tsy misy fanjakàna mijoro anefa, raha tsy ny asam-panjakàna no lavorary. Ary raha ny "tsenan'ny asam-panjakàna" no jerena, dia mbola Frantsay no teny ifaneraseran'ny samy andrim-panjakàna (ministera, ohatra), kanefa vahoaka malagasy no entina. Lasa misy Malagasy ny an-tanàn-dehibe, mahay mamaky teny sy manoratra ary mahay teny Frantsay; sy Malagasy ny any ambanivohitra, izay maro an'isa, kanefa koa maro an'isa amin'ny tsy fahaiza-mamaky teny sy manoratra, ary amin'ny tsy fifehezana ny teny Frantsay.

Lasa misy koa izany, ny Fanjakàna sy ny mpitondra mikirakira teny Frantsay, izay mitondra ny tany sy ny fanjakàna (l'Etat); ary ny Firenena manontolo misy ny foko 18 (la Nation), izay mifankahazo sy mifandray amin'ny teny

Malagasy manerana ny lafy valon'ny Nosy. Lasa *"interface"* hantsana, manasaraka ny tany sy ny fanjakana ary ny firenena izany, ny tsy mampandeha hoazy ny fampiasana ny teny Malagasy, eo amin'ny sehatra rehetra maha-iray ny tany sy ny firenena *(l'Etat-nation)*; kanefa ny teny malagasy amin'ny maha-masontsivana manavaka ny maha-firenena ny firenena, dia tokony ho *"interface"* kofehy, mampitohy ny tany *(l'Etat, c'est-à-dire, la politique)* sy ny firenena *(la Nation)*! Lasa tsy mijoro tsara, tsy mafy hazondamosina ny tany-firenena *(l'Etat-nation)*, ka manjary tsy mahazo fahatra tsara ny politika, izay te-hivelona amin'ny demokrasia, izany hoe ny fandraisan'anjaran'ny daholobe.

Ahoana tokoa moa ny daholobe no afaka handray anjara, rehefa amin'ny teny miteraka *"interface"*-efitra mampisaraka (rindrina) no itenenana aminy, kanefa fiaraha-mientana no antenaina?

Azo indramina amin'i Rado (1994)[xcv] ny tena dikan'ny teny Malagasy eo amin'ny fiaraha-monina, raha nanitrikitrika izy fa "ny teny Malagasy (dia fomba) fanentanana ny fon'ny vahoaka amin'ny fampandrosoana". Tantara kely mikasika "tovolahy iray avara-pianarana sady tia-tanindrazana... namory tantsaha... teny ambanivohitra" no nentiny nandravaka ny famelabelarany. Toy izao tokoa manko hoy Rado no nanombohan'ilay tovolahy ny famelabelarana : " *ni-inviter* anareo Tantsaha iray *génération* amiko aho, mba hiara *mi-étudier* ity *projet de développement* nanaovako *étude plus ou moins approfondie* ity. *Mi-concerner* ny *région*-ntsika mantsy izy io...". .. Dia hoatr'izay daholo no nandrafetany ny kabariny. Ary teo am-pamaranana aza, dia mbola hoy izy hoe : "misokatra izao ny *débat* sy ny *discussion* ka *tout le monde peut prendre la parole. Merci"*. Nangina anefa ny eran'ny trano hoy i Rado, satria vitsy tamin'ireo teny nataon'ilay tovolahy no mba azon'ireto Tantsaha novoriana.

Fatiantoka lehibe no vokatr'izany, hoy ihany i Rado, satria "tsy tafita (ireo) hevitra sy fikasana tsara natolotr'Andriamatoa", no "kivy koa (ing.) manampahaizana; noraisiny ho fahalainan-kandroso ny fanginan'ireto tanora, tsy nanan-kolazaina tamin'ny hevitra narosony".

Araka ny efa hitantsika tery ambony, dia tsy amin'ny asa fampandrosoana ihany no sahirana ny vahoaka tsy mandady harona, fa amin'ny politika koa. Hoy tokoa mantsy ilay mpanao politika iray izay, raha nivaofy ny rijanteny momba ny volavolan-dalampanorenana hoan'ny Repoblika IV izy: " ity *Constitution* ity dia mi-*accorder place importante ny opposition*"; tena manome "*statut*-ny *opposition*" sy toro-làlana hoan'ny "*pratique politique*" mihitsy. Ny ahy kosa hoy ilay anankiray hafa, dia ity fananganana "*Conseil Supérieur de la Transition* (CST) ity no tiako horesahina, satria misy olona ao "*choisi en fonction de leurs compétences particulières*". Ankoatran'izay moa, dia hitako fa ny Sénat dia tsy azo "*dissolvia-vana*".

Fa ny tena naha vakavaka sy naha-velom-panontaniana lehibe, dia ny namakiana amin'ny teny Frantsay ny didim-panjakàna manendry ny mpikambana ao amin'ny Filankevitra Ambony ny Tetezamita (CST) sy ny Kongresin'ny Tetezamita (CT), tamin'ny alatsinainy 11 oktobra 2010 (ho an'ny CST) sy ny talata 12 oktobra 2010 (ho an'ny CT). Ny Andrim-panjakàna dia Malagasy, ny mpikambana ao koa dia Malagasy, ary ny Fitondràna nanendry dia Malagasy. Tsy misy hoe vahiny ho kenakenaina na ho tambatambazana no nanatrika tao, na koa vahiny atahorana, ka tsy maintsy ny teniny no amamiana; fa raharahan'ny samy Malagasy no natrehina; fanambaràna manetriketrika ho an'ny vahoaka Malagasy; ao amin'ny tranon'ny Antenimierampirenena Malagasy, sy ny

Antenimierandoholona Malagasy, izany hoe ao amin'ny Lapan'ny demokrasia Malagasy. Ao amin'ny toerana hiasan'ny solontenambahoaka Malagasy; izay manana ny hasiny sy hajany nomen'ny Malagasy. Zava-dehibe rahateo ny Lalàna sy Fitsipika hifehy ny Malagasy ho tapahana ao. Ny famahàna olana mikasika an'ity disadisa politika tsy mety tapitra ity, dia efa ezahin'ny samy Malagasy hiaraha-mitady rahateo.

Koa dia nahoana no tsy maintsy novakiana tamin'ny teny Frantsay ireo didim-panjakana roa ireo? "Tsy tenindrenin'ny Malagasy anefa ny teny Frantsay, tsy tenimpireneny, tsy hain'ny ankamaroan'ny Malagasy satria tsy milona ao anatin'ny tontolo Frantsay ny ankamaroan'ny Malagasy" hoy i Solonavalona Andriamihaja (2008). "Arakin'ny statistikan'ny Foibe momba ny teny/ Akademia Malagasy", hoy ihany Andriamihaja, dia "99,4% miteny Malagasy, ary 0,6% mahay teny Frantsay tsara".

Ny marina angamba, dia mbola raiki-tapisaka ao amintsika Malagasy nahita fianarana ny teny sy ny fomba fanao Frantsay. Anisan'ny tany atao hoe "moderna" sy demokratika i Frantsa. Manan-kolazaina tsara ao amin'ny Antenimierampirenena sy ny Antenimierandoholona ny mpanohitra. Mahazo laka toy izany koa ny hery politika rehetra na ao amin'ny haino aman-jery na any amin'ny gazety. Kanefa, dia midina matetika eny an-dalambe ny Frantsay hanohitra ny politikan'ny governemanta, toy izay hita nandritra ny volana oktobra 2010, mikasika ny fandavan'ny ankabeazan'ny mpiasa- ampian'ny tanora, ny fanemoran'ny governemanta ny taona fisotroan-dronono, izay ho lasa 62 taona raha 60 taona izany teo aloha. Fantatra eran-tany moa, fa efa toetran'ny Frantsay mihitsy io mimenomena lava sy mameno arabe io, na tamin'ny andron'ny Tolom-piavotana, na tamin'ny andron'ny

"*Communes*". Raha ny soatoavina Malagasy no arahina, dia tsy tokony ho toetran'ny Malagasy fatra-mpandala ny fihavanana sy ny fifanakalozan-kevitra mihitsy ireo fanaon'ny Frantsay ireo, izay lovany tamin'ny tantarampireneny.

Etsy an-daniny koa anefa, dia tsy misy firenena voaefitra amin'ny korontana sy vaovao ratsy, atobaky ny fampitambaovao manara-toetr'andro. Tsy misy intsony izany, ny nahazatra taloha, dia ny filazana hoe "boribory ny tany". Amin'izao fotoana izao indray, dia hoe "vohitra kely izao tontolo izao" (*global village*). Manjàka ny fanontoloana (*globalisation* na *mondialisation*). Lasa malaky be ny fihenikin'ny vaovao eran-tany. Lasa ohatra ny tsy misy intsony ny elanelan-tany ; mitosaka ao an-tokantranonao ny vaovao ampitain'ny zanabolana sy ny aterineto. Lasa tsy manan-tsafidy intsony ianao, na dia afaka mifindrafindra programa amin'ny haino aman-jery aza, noho ny fahazoana mibaiko lavitra ny radio sy ny fahitalavitra!

Fa ny mbola tena manampy trotraka, dia ny fibosesehan'ny fomba amam-panao vahiny, tsy mifanaraka amin'ny kolontsaina Malagasy, kanefa dia aparitakin'ny teknolojia vaovao iankinan'ny haino aman-jery sy ny aterineto. Voaosihosy noho izany ny soatoavina Malagasy, ka lasa mora adinon'ny tanora, izay ho antokin'ny firenena rahampitso.

Ny sary mihetsika vahiny ohatra, dia mampiseho lehilahy sy vehivavy mifanoroka amin'ny vava, kanefa tsy mba nataon'ny Malagasy izany fahiny. Toy izany koa ny miboridan-dridana amin'ny fomba fiakanjo, na manao fihetsika izay tsy mifanaraka amin'ny fahamaotinana Malagasy, ohatra: ny maka sary mampiseho foto-pe amin'ny dokam-barotra. Ny mozika moa dia tsy tenenina intsony, fa dia alain-tahaka vetivety izay fanaon'ny any ivelany: rap, reggae, sns. Lasa olon'izao tontolo izao tsikelikely ny Malagasy manaraka ny toetr'andro, indrindra ireo monina any amin'ny tanàn-dehibe. Ary dia voaozongozona ny firenena tsy maha-kojakoja ny fomba amam-panaony; sahirana izay tsy mahakolokolo ny maha-izy azy, toy ny tenim-pireneny. Voatsindrin'ny fanao avy any ivelany sy ny teny vahiny ny eo an-toerana! Zavatra tsikaritra eto Madagasikara izany, raha iverenana ny fahazarana sy ny fitiavan'ny mpanao politika Malagasy mampiasa teny Frantsay, na dia mpiray tanindrazana Malagasy aza no mihaino sy ifanakalozan-kevitra.

Aiza ho aiza anefa ny fikirizan'ny Amerikana- na ny marimarina kokoa, ny hambom-pony-, hamorona teny Anglisy miavaka amin'ny fitenin'ny tompon-teny Britanika (jereo Webster)? Toy izany koa ny Repoblikan'i Montenegro, izay vao niforona tamin'ny taona 2006, ary nanangana ny *"montenegrin"* ho tenimpirenena; natao fanahy iniana hiavaka amin'ny *"serba"* na dia teny iray ihany aza izy ireo. Te- hiavaka fotsiny ry zareo montenegrà, te-hanana ny maha-izy azy; te-hijoro ho firenena feno, amin'ny fananana tenim-pirenena. Fanapahan-kevitra politika izany!

Lehibe dia lehibe noho izany ny andraikitry ny politika amin'ny an-kapobeny, sy ny mpitondra fanjakàna ary ny mpanao politika isan-tsokajiny, satria izy ireo no manana ny fahefà-mandidy sy hampihatra ny fampiasàna ny teny Malagasy. Ny ampitso tokoa no jerena.

Koa, raha tiana ho mafy orina ny demokrasia; raha tiana tsy hiverimberenena intsony ny korontana politika, dia angamba tokony hampiseho fahasahiana sy finiavana hiteny Malagasy ny mpitondra sy ny mpanao politika? Sao dia izay no anisany azo hisorohana ny savorovoro politika mitampody lava eto amin'ny firenena, ka manakana an'i Madagasikara tsy hivoatra sy handroso?

Rehefa matetika ny disadisa no mitranga, na eo amin'ny orinasa, na eo amin'ny fiarahamonina, na eo amin'ny fitantanana ny tany sy ny firenena, dia tonga ao an-tsaina ilay fiteny hoe: "zava-dehibe ny fahitana vahaolana mahomby (*the right solutions*), fa eo amboalohany, dia lehibe lavitra noho izany ny fahitana ny fanontaniana mitombona" (*the right questions*). Ny fanontaniana eto ohatra, dia: sao tokony hisy mpitarika politika iray, ohatra, ny Filohampirenena, hijoro, hiady sy hiaro ny teny malagasy? tsy hampatory ny tompon'andraikitra politika malagasy rehetra? Hataony izany, mandra-pahatonga saina an'ireo tompon'andraikitra ireo, fa ny ho avin'ny firenena mihitsy no tandindomin-doza!

Andron'ny fanontoloana rahateo izao. Lasa tsena mitambatra izao tontolo izao. Tsenan'ny fifaninana, ifanenan'ny tany lehibe sy ny kely, ary amin'ny maha-tsena azy, dia ny fahazoana tombon-tsoa sy tombom-barotra no mibahana ao. Ny fifaninanana no vain-dohan-draharaha ao, ka izay tsy miomanana amin'izany, na "omby mahia tsy lelafin'ny namany", dia tsetsefin'ny firenena vaventy ary orinasa vaventy mahahenika firenena maro (*multinational*), ataony fitaovana sy fakàna tombom-barotra fotsiny.

Tsy resa-bola fotsiny ihany anefa ny tsena vokatry ny fanontoloana, fa voakasika ao koa ny kolontsaina sy ny soatoavina araka ny ohatra momba ny sary dokam-barotra sy mozika voatanisa tery ambony. Tao amin'ny Lalampanorenana nifanesy teto Madagasikara, ary mbola tohizany ny rijambolana momba ny volavolan-dalàmpanorenena ho any amin'ny Repoblika IV, dia tsimbinina sy kolokoloina fatratra toy ny volamena ny soatoavina Malagasy. Mifototra amin'inona anefa izany soatoavina izany, tsy amin'ny fitsinjovana sy ny fikojakojana lalandava ny "fihavanana" sy ny "fanahy no maha-olona"? Ho lova sarobidy ho an'ny taranaka amam-para tokoa izany! Ny ampitso no banjinina!

Tsara ihany anefa ny manamarika, fa tsy isika no nanomboka an'izany fitsimbinana ny soatoavina maha-firenena ny firenena izany teto an-tany. Efa tamin'ny ela ny tompon'andraikitra politika sady mpandalina politika toy ny Anglisy-Amerikana Edmund Burke (1729-1797) no nanantitrantitra, fa tsy ampy raha ny fomba-fisainana (*"la raison"*) fotsiny, toy ny tamin'ny andron'ny Tolompiavotana Frantsay, no am-piasaina amin'ny politika. Raha izay fotsiny hoy i Burke no atao, dia lasa tsy mifandray amin'ny zava-misy eo amin'ny fiaraha-monina ary indrindra indrindra, tsy mifandray amin'ny tantara niainan'ny firenena ny fanapahan-kevitra politika. Ka ny lehibe ao anatin'izany tantara izany, dia ny soatoavina sy fahendrena[xcvi] nolovain'ny andian-taranaka nifandimby teo amin'ny firenena. Ekena ny fiovàna, noho ny toetrandro mitondra fiovaovana koa hoy Burke; izany fiovàna sy fivoarana izany kosa anefa hoy Burke, indrindra eo amin'ny lafiny politika, dia tokony ho tonga tsikelikely, hifanaraka amin'ny tantaran'ny firenena (*the nation's past*).

Ny taonjato faha-20, dia nijoro koa i Russell Kirk (1918-1994), Amerikana fatra-pitsinjo ny nentim-paharazana, nilaza fa ilaina ny mifototra amin'ny soatoavina, sy fomba amam-panao nentim-paharazana, satria amin'ny maha-olombelona, dia ireo no manetsika fietsem-po (*human emotions*) sy manainga fanahy amin'izay tiana ho volavolaina (*rational designs*). Ahoana anefa no nampitain'i Burke sy i Russell Kirk an'izany hevitra izany tany amin'ny mpiray tanindrazana taminy? Angamba tsy tamin'ny tenintsinoa na teny Frantsay? Fa tamin'ny teny Anglisy-Amerikana!

Antritranterina eto fa zanakin'ny tantara daholo, na ny soatoavina na ny firenena, na ny teny. Izany hoe, tsy miforona indray andro. Ankoatran'izay, dia mbola zanakin'ny tantara koa ireo mpitondra sy kingalahy politika, ary avara-pianarana Malagasy ankehitriny, manamora fiainana, amin'ny fampiasana ny teny Frantsay, eny na dia misy voambolana sy fiteny Malagasy mazava aza azo ampiasaina.

Eritreritra roa no tonga ao an-tsaina:

Voalohany, fanontaniana mipetraka: tokony hatao fialan-tsiny tsy misy fetra ve ity takaitra navelan'ny fanjanahantany ity, amin'ny fahalainana mampiasa ny teny Malagasy? Sa mbola voabaikon'ny "teny baiko" ihany isika hatramin'izao? Dia hiala tsiny toy izany koa izany ny andian-taranaka ankehitriny sy ny manaraka- ireo vato hamela-kafatra, satria izao fomba fiteny "vary amin'anana" izao no havela ho lovany? Tsy adino fa ny fiteny dia vato famelan-kafatra sy firaketana ny "tsileondrika" malagasy.

Faharoa, fanamarihina: eo amin'ny asa fampandrosoana sy ny politika, ny tinapaka androany na resaka fotodrafitrasa izany, na resaka lalàna, na resaka demokrasia, na resaka Lalampanorenana, dia tsy ho rahampitso-rahampitso no hahitàna ny vokatra entiny, fa ao anatina andian-taranaka iray, izany hoe roapolo taona eo ho eo. Ka raha tsara izany vokatra izany, dia izay no holovain'ny taranaka amam-para rehetra, amam-polotaonany sy mandritra ny taonjato maromaro; fa raha ratsy kosa no haterany, dia ny taranaka sy fara amam-dimby rehetra hisesisesy eo, no hitondra takaitra amin'ny tsy fahatsimbinan-davitra nataon'ireo zokiny sy ireo ray aman-dreniny eo amin'ny fitondràna sy ny fitarian-tsaina.

Raha azo asiahana fehiny, dia ny ampitso lavitr'ezaka no tokony ho banjinina. Ka raha izay hahalasa lavitra ny tany sy ny firenena, raha izay hampandroso sy hampivoatra azy, mba hahafahany hiatrika ny fifaninanana eran-tany noho ny fanontoloana no tanjona, raha tiana hijoro ho firenena hikoizan'izao tontolo izao ny firenena Malagasy; dia tokony hatao izay hampijoroana azy ho firenena feno, izany hoe, mandàla ny maha-izy azy. Na i Henry Kissinger[xcvii] mpahay tantara sy diplaomasia ikoizana aza, dia miaiky fa manana ny anjara-toerany eo amin'izao fandaminana vaovao eran-tany izao (*nouvel ordre international*) ny fanandratana ny firenena.

Natao ho vain-dohan-draharahan'ity fandalinana ity, ny hisorohana ity savorovoro politika tsy misy farany ity. Tsy tokony hikeli-soroka ny Malagasy hitady izay fomba hanatanterahana izany. Ary araka ny fotokevitra napetrak'ity famakafakana ity hatrany am-boalohany, dia: manana anjara lehibe amin'izany ny teny malagasy. Hoy tokoa manko Dox, ry "Tenin-drazana, Teny andrandraina Ianao, Amin'izao tontolo izao". Koa "am-bava omana, ary am-po mieritra"!

Sao dia ho nenina lehibe lahy, raha mandringa ny firenena? Koa ho an'ireo tompon'andraikitra politika rehetra eto amin'ny tany sy ny fanjakana, dia: "**atsipy ny tady eny an-tandrokin'ny omby, ary atsipy ny teny any am-pon'ny mahalala**"! Sady vahaolana maharitra no tadiavina fa tsy vahaolana vonjimaika, mba hahamafy orina ny Repoblika sy ny firenena Malagasy.

Savorovoro politika miverimberina: inona no fanefitra?

8 NY SEHATRA SY NY KARAZANA MPIKA-TROKA TOKONY HAMPIASA NY TENY MALAGASY

Misy pyramida roa eto ambany eto mitondra ny lohateny hoe: "ny teny Malagasy, taratry ny firenena". Ny iray eo an-kavia, dia mitsangana, ary mitanisa ny sokajina Malagasy afaka/ sy tokony hampiasa ny Teny Malagasy. Miainga amin'ny fianakaviana izany (ambaratonga fara-faha ambaniny), ka miafara any amin'ny fara-tampony, dia ny mpitondra fanjakàna sy ny tompon'andraikitra politika izany.

Ny iray etsy an-kavanana kosa, dia mitsongoloka, mitanisa ny sehatra azo hampiasàna sy ny tanjona kendrena, amin'ny fampiharana ny teny Malagasy. Miainga amin'ny sehatry ny fitondràna izany, ary natao hoe "fitaratra ho an'ny firenena", amin'ny lafiny roa: ho an'ny samy Malagasy, izay mitily ny ataon'ny mpitondra; ary ho an'ny aty ivelany, izay mijery akaiky ny fihetsika sy ny teny ampiasain'ny tompon'andraikitra isan-tsokajiny eto amin'ny firenena, hahalalàny ny atao hoe firenena Malagasy. Ery ambany kosa, dia miafara, mazava ho azy, amin'ny fampiasan'ny fianakaviana azy ny teny Malagasy, dia amin'ny fanomezana anarana ny taranaka amam-para, na ho Rakoto, na ho Bozy.

Ny efa-joro anankitelo mifanaingina, eo amin'ny sisiny an-kavanana kosa, dia mametraka ny toetoetra manainga ny samy Malagasy hanandratra avo ny teniny, dia ny "hambom-pom-pirenena"; ny "fahavononana" hiteny Malagasy, ary ny "finiavana" hanao an'izany.

Savorovoro politika miverimberina: inona no fanefitra?

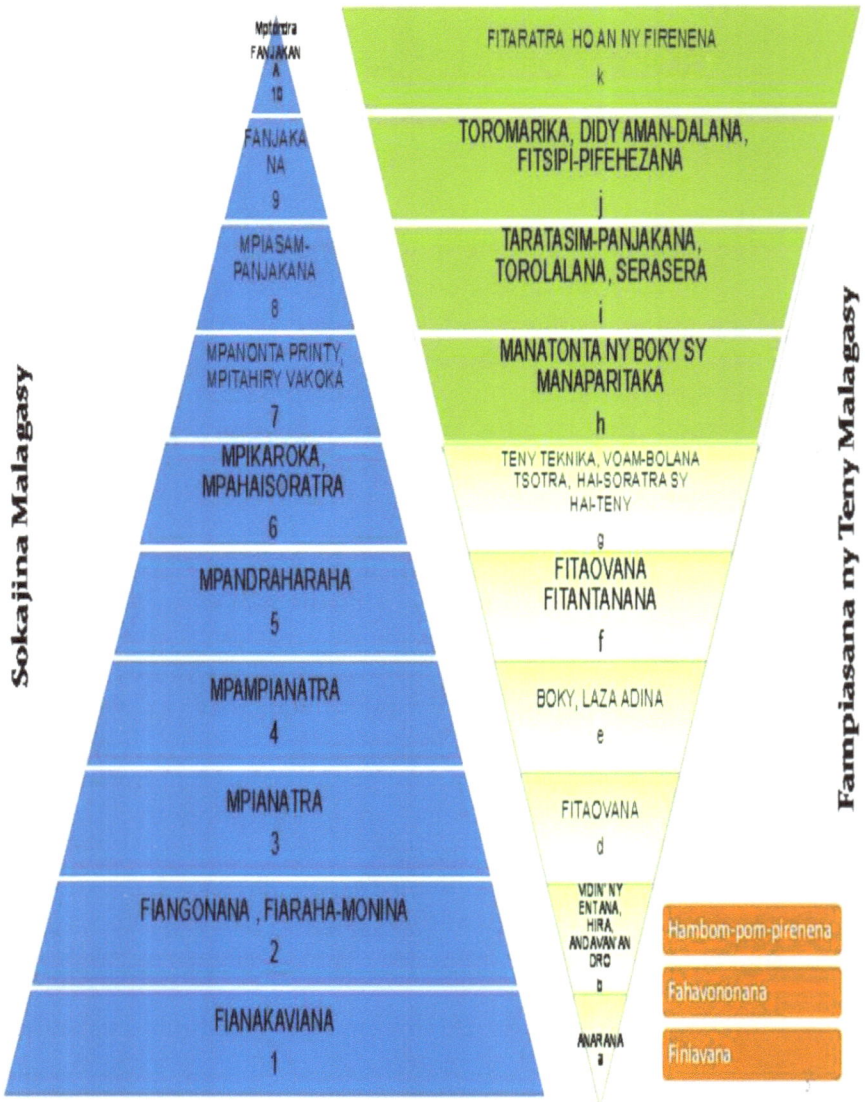

TENIM-PIRENENA

DIKAN-TENY

Abstention	Mitokona tsy handatsabato, tsy mandray anjara amin'ny latsabato
Accord politique	Fifanarahana politika
Accorder une place importante à l'opposition	Manome toerana sahaza ny mpanohitra
Acte Additionnel d'Addis-Abeba	Fifanarahana Tovana tany Addis-Ababa
Actor	Mpanao, mpikatroka
Actor-oriented approach	Fomba fikarohana mifantoka amin'ny mpanao/mpikatroka
Associations politiques	Fikambanana manao politika
Autres sensibilités	Firehana hafa
Bureaucrats	Mpiasa birao
Capacité politique	Fahakingana, fahaizamanao politika
Colonisation	Fanjanahana
Communes	Kaomina

Communicative tool mampifandray	Fitaovana
Co-Présidence	Filoha Miara-mitantana
Conférence Nationale	Fihaonambem-pirenena
Consensualité	Iraisan-kevitra, ifanarahana, marimaritra iraisana
Constitution	Lalampanorenana
Development	Fampandrosoana sy fampivoarana
Débat, discussion	Adi-hevitra, fifanakalozan-kevitra
Diktat	Didy jadona
Dialogue	Mifanakalo hevitra
Dissolvia-vana	Ravàna
Ersatz	Solontsolony
Document Stratégique	Rakikevitra momba ny Paika
sur la Réduction de la Pauvreté	hanenàna Fahantràna
Etat	Tany sy Fanjakàna
Etat-nation	Tany-firenena
Etude plus ou moins approfondie	Fanadihadiana azo atao hoe lalina tsy lalina

Etudier un projet de développement	Mandinika, manadihady tetikasa fampandrosoana
Fair-play	Lalao madio, mihaja
Francophone	Mampiasa ampahany na feno ny teny Frantsay amin'ny serasera
Frictions	Disadisa, fifandonana
Frustré	Gaina, mipitrapitra
Génération	Andian-taranaka, Faramandimby
Glasnost	Mangarahara
Globalisation/ Mondialisation	Fanontoloana
Immigration	Fifindramonina miditra
Inviter	Manasa
Emigration	Fifindramonina
mivoaka	
Has been	Efa tsy izy intsony, « efa tsy kaontiny »
Human emotions	Fietsem-
pon'olombelona	
Inclusivité	Voaray ao daholo, miara mitondra

Influencer	mampiodina loha, mitsoboka amin'ny fanapahan-kevitry ny hafa
Intelligible to everybody ; *langue parlée et comprise de tous*	teny azon'ny rehetra
Interface (inter facies) :	tava mifanatrika fa tsy mifampikasoka
(inter-facies) :	elanelan-tava, manasara tarehy, mampifanalavitra tarehy
(interfacies) :	mifankahita tava, tava mifandona, tava mifampikasoka
Interface analysis	Famakafakàna miainga amin'ny « interface »
Internet	Aterineto
Laissez-faire	Avela handeha eo
Logiciel	Lozisiely, rindram-
baiko	
Loser	Resy
Mauvaise gouvernance	Fitondràna ratsy
tantana	

Médiation	Asa fanelanelanana ; asa fampihavanana
Médiation nationale	Asa fanelanelanana raisin'ny tompontany an-tànana
Merci	Misaotra
Moteur de recherche	Mpisava habaka
Monologue	Miteny irery, (« kabary tsy valiana »)
Mouvances	Ankolafinkery
Multinational	Mahahenika firenena
maro	
Nation	Firenena
Nation's past	Ny tantaran'ny firenena tany aloha tany
Neutralité	Tsy mitanila, tsy momba ny atsy na ny eroa
Nouvelle inclusivité	Fiaraha-mitondra amina endrika vaovao
Objective markers	Marim-pamantarana mivaingana, azo tsapain-tànana, azo refesina
Olona « choisi en fonction:	olona notsongaina noho

de leurs compétences particulières »	ny fahaiza- manaony manokana
People with the most prestige ny	mora amin'ny vahoaka
are most likely to be imitated	maka tahaka ny teny aloakan'ny vavan'ny olona ambony
Perestroika	Fiovam-penitra, fiovan'ny firehana
Peu à peu	Tsikelikely
Pratique politique	Fomba amam-panao ara-politika
Préparation manomana	Fanomanana,
Projet de société mpiarahamonina	tetikasa-
Pure language	Teny tsy mifangaro, teny madio rà
Raison (la)	Fomba fisainana
Rational designs pisainana	mamolavola am-
Realpolitik	Politika mifanaraka amin'ny toetrandro
Reconciliation	Fampihavanana

Right solutions	Vahaolana mahomby, mifanaraka amin'izay tadiavina
Right questions	Ny fanontaniana tena tokony hapetraka, na tokony hipetraka
Social encounters	Fifanenàna arampiarahamonina
Social interface	Rindrina mampizara, na hantsana manasaraka, na kofehy mampitohy arapiarahamonina
Statut de l'opposition	Satan'ny mpanohitra
Souverain	Masi-mandidy
Stratégie Nationale de Lutte	Paikady entin'ny Firenena
contre la Pauvreté	hiady amin'ny Fahantràna
Subjective markers	Mari-mpamaritana any am-po, tsy hita maso, tsy refesina
Symbols	Taratra hita maso
Usage de la force	Fampiasan-kery
Utilitarism	Firehana maningana ny hoe « izay misy ilàna

	azy ihany no ivakiana loha »
Tout le monde peut prendre la parole	Afaka mandray fitenena daholo izay te-handray
Vacance de pouvoir	Fahabangan-toerana amin'ny fitondràna
Vice-Président	Filoha-Lefitra
Vision du monde	Tsinjom-piainana
Worldviews	Vinavinam-piainana

NAOTY MAMARANA

---

[i] Jereo koa i Charles Manga Fombad, in "Post-1990 Constitutional Reforms in Africa – A Preliminary Assessment of the Prospects for Constitutional Governance and Constitutionalism", 2008, pp.179-96, OSSREA Addis Ababa, UNISA Press Pretoria.

[ii] Jereo koa ny boky nosoratan'i Paul Collier (2009), Wars, Guns and Votes, Vintage Books, London. Lazainy ao fa toy ny nampivadihana ny Afrikanina handray ny finoana kristianina no nampivadihana koa ny Afrikanina handray ny demokrasia. Ka ny fifidianana no fitaovana araka andrim-panjakàna (institutional technology) ampiasain' izany demokrasia izany (p.2).

[iii] Jereo koa i Paul Gisnborg (2008), Democracy – Crisis and Renewal, Profile Books Ltd, London: "What is deeply worrying … is that there are all too few public spheres in daily life, in the sense of spaces and processes of discussion, democratic debate and participation", p. 42.

[iv] Eto amin'ny resaka demokrasia, dia mbola mila manamboatra aro-fanina (individual legal safeguards) ny Afrikanina mba hahatonga ny politika hiondrika eo anatrehany ny lalàna (subordinate politics to law) fa tsy ho eo amboniny, hoy i Alfred Nhema sy Paul Tiyambe Zeleza (ed.), 2008, OSSREA Addis Ababa, UNISA Press Pretoria, p. 4.

[v] Malaza efa hatramin'ny andro fahagola moa ny tsy fitoviam-pijery ny taloha sy ny ankehitriny (*querelle des anciens et des modernes*), na ny antitra sy ny tanora, na koa ny zanaka sy Ray aman-dreny ka mahatonga disadisa ao an-tokantrano, na eo amin'ny fiaraha-monina. Ary tamin'ity fisavoritahana politika tamin'ny 2009 ity ny disadisa dia teo amin'ny zokiny (Marc Ravalomanana) sy ny zandriny (Andry Nirina Rajoelina). I Graeme Codrington sy i Sue Grant-Marshall (2008, repr.) "*Mind the Gap*" dia namelabelatra an'io fifandonan'ny taranaka tsy mitovy vanim-potoana iainana io (*generations of different era*), ary mampivoitra ny hantsana manelanelana azy (*mind the gap*), noho ny fiovaovan'ny toetr'androm-piainana, ny fomba fiainana (velona iray trano

taloha, fa fianakaviana mitsitokatokana kosa ankehitriny), ary ny fitsofohany ny teknolojia vaovao momba ny serasera amin'ny fiainanan'ny tsirairay amin'ny an-davan'andro (TV, Radio FM, aterineto, mailaka, SMS, sns.). Arak'io boky io, Marc Ravalomanana dia anisan'ny andian-taranaka teraka ny taona 1940 ka hatramin'ny taona 1960, izay atao hoe andian-taranaka mpiteraka (*generation "boomers"*). Izay andian-taranaka mbola nibaby ny farasisan'ny Ady Lehibe Faharoa (tsy fahampian-tsakafo), no manenjika mameno ny banga navelan'ireo an-tapitrisa maro maty noho ny ady. Etsy andaniny kosa anefa, dia io andian-taranaka io no nitraotra tamin'ny fitaizana be-geja-geja ka niteraka ny Mai 1968 tany Frantsa sy eran'ny Eraopa andrefana, Ny hetsika *"yippies"* sy ny lamaody "zipo miaka-dohalika" *(mini-rock),* dia teraka tamin'izany fotoana izany. I Andry N. Rajoelina kosa dia anisan'ny andian-taranaka teraka ny 1960 ka hatramin'ny faran'ny taona miatomboka amin'ny 1980 (izany hoe 1989). Io kosa no atao hoe andian-taranaka X (*generation Xer*) izay niara-lehibe tamin'ny fipoiran'ny solosaina sy ny CD amin'ny fiainana an-davan'andro.

[vi] miaraka amin'ny soatoavina Malagasy.

[vii] symbolically

[viii] "Absolute free will".

[ix] Sy soratany

[x] Politics lives with words and symbols.

[xi] An oral-based society: illiteracy rate is above 40%.

[xii] Manana Foibe fito (ny renivohimparitany 6 taloha miampy an'Antsirabe). Rtoa Hanitra Andriamboavonjy no Filohan'ny Foibempirenena eto an-drenivohitra.

[xiii] Kabary tamin'ny andro Finianana 20.01.1961

[xiv] " I have a dream", Lincoln Memorial, Washington DC, 28.08.1963

[xv] "I am the first accused", Pretoria 20.04.1964

[xvi] Anti-apartheid and anti-racist campaigner

[xvii] "Role model"

[xviii] "Economy of affection" (Hyden, G., 1983 No Shortcuts to Progress, African Development Management in Perspective. London: Heinemann.); Kabou A. (1991) Et si l'Afrique refusait le Développement? Paris: L'Harmattan.

[xix] "Contre-pouvoir", izay manipika fa tsy afaka manao izay danin'ny kibony ny fitondràna na manao tsy refesi-mandidy fa

misy manara-maso azy ao. Izay koa no mahatonga ny "media" atao hoe fahefàna faha-efatra (4e *pouvoir*) aorianan'ny Executive (1er), Legislative (2e), Judiciary (3e).

xx Satires

xxi Sociétés civiles (jereo Paul Ginsborg, [ibid.], "the challenge of civil society", pp. 49-61.

xxii "Active citizen", in Paul Ginsborg (ibid.), p. 49.

xxiii Jereo gazety "Tribune" 24.07.2010: "*La société civile rassemblée pour conduire la médiation*" sy ny gazety "Les Nouvelles" 24.07.2010: CNOSC (*coordination nationale des organisations de la société civile*) , Appel à un retour aux négociations. Jereo koa "Déclaration Solennelle" naparitak'i J.P. Domenichini tamin'ny aterineto ny faha-23 jiolay 2010.

xxiv Empirical

xxv Normative

xxvi Institutions

xxvii Processes

xxviii External and internal forces.

xxix Voting figures

xxx Age of officeholders

xxxi Population size

xxxiiConcerned with what ought to be

xxxiii Values

xxxiv Moral positions about what is right and wrong

xxxv Processes and activities within the institutions

xxxvi Individual psychology

xxxvii Internal forces

xxxviii External forces

xxxix Explain and predict political behavior

xl Liberal democracy

xli Mob rule

xlii Enlightenment

xliii Expression of the general will

xliv « Le Contrat Social"

xlv control

xlvi Paul Collier (ibid.), p.2; Robert A. Heinemann (ibid.), p. 3

xlvii Representative democracy. Tsy halalinina eto ny endrika hafa ny demokrasia toy ny demokrasia mivantana (*direct democracy*) na demokrasia handraisana anjara (*participatory democracy*) izay tsy hita nampisain'ny Repoblika nifandimby teo.

[xlviii] Marina tokoa fa ny fifidianana, no ahazoan'ny be sy ny maro maneho ny heviny an-kalalahana. Ary any amin'ny tany sy firenena anjakàn'ny demokrasia malalaka, toy ireo tany tandrefana tahakan'i UK, USA, Frantsa, Alemaina, Japana..., dia fifidianana no manjera na mampijoro Governemanta. Ny olana anefa, dia tsy mandeha mifidy ny olona, ka lasa betsaka ny mijanona any an-trano nohon' ny tonga mandatsa-bato. Tena ny fototry ny demokrasia mihitsy izany no voatohitohina hoy i P. Ginsborg (ibid.), satria ny vato azon'ny maro an'isa, dia kajiana avy amin'ny taha-mpandraisana anjara tamin'ny fifidianana. Ka rehefa io taha-mpandraisana anjara io no latsaka ny 50 isan-jato, dia mbola demokrasia ihany ve izany? Raha indramina ny tenin'i Ian Hurd (2008) *"After Anarchy"*, Princeton University Press, dia tena mitombona (*légitime*) tokoa ve izany demokrasia izany ?

[xlix] Demokrasia tsy kaominista toy ny an'ny Firaisana Sovietika teo aloha, na i Shina ankehitriny izay arakin'ny firehan-keviny, manao demokrasia ho an'ny vahoaka (*for the people*) fa tsy avy amin'ny vahoaka (*by the people*) toy ny demokrasia nolovaina tamin'ny tandrefana resahintsika eto: jereo William Fox (ibid.), pp. 54-57.

[l]Izay betsaka no mampiasa ny teny frantsay eo amin'ny Lohapejim-baovao manaitra (Headlines/ La Une): Midi Madagasikara, Les Nouvelles, L'Express, La Vérité, La Gazette, Tribune, Le Courrier de Madagascar, izany hoe ireo gazety fahita any amin'ny biraon'ny avara-pianarana sy ny kingalahy politika.

[li] "impermeable to the general public", Paul Ginsborg (ibid.), p. 27.

[lii] "Son principe est : gouvernement du peuple, par le peuple, et pour le peuple", Lois constitutionnelles (ibid.), Titre I, Art. 2

[liiiliii] "It is probably better to restrict 'democracy' narrowly to majority rule", in Oxford Concise Dictionary of Politics, (2009), 3rd. edit, by Iain McLean and Alistair McLean (edit.),

[liv] Jereo koa Paul Ramasindraibe (ibid), " fototra iray hijoroan'ny fokonolona ny fanajana ny maha-olona. Ary ny teny no endrika isehoan'izany fototra izany...", p. 33

[lv] Northern Ireland. I Eire indray moa dia efa tany mahaleo tena manana ny maha-izy azy. Amin'ny fifaninana rugby sy amin'ny fifaninana baolina kitra na ao Eraopa na eran-tany no tena

iresahina ohatra ny fifaninanan'ny firenena 5 (*tournoi des cinq nations* amin'ny rugby) izay nisy an'i Frantsa, ny Anglisy, ny Ekaosiana, ny Galiana ary ny Irlandiana. Ny amin'ny baolina kitra na fiadina ny amboara ao Eraopa na eran-tany moa dia tafiditra amin'ny fifanintsanana amin'ny anarany manokana ireo firenena ao amin'i UK ireo.

[lvi] Safidy = free choice

[lvii] Jereo ohatra i Augustin Rakotobe (2009), "Sortir de l'impasse: la paix par le fihavanana", Foi et Victoire, Lillebonne, France. I Paul Ramasindraibe (1962), " Fokonolona: fototry ny firenena", Nouvelle Imprimerie des Arts Graphiques, Antananarivo, koa dia manome toro-làlana vitsivitsy momba ny atao hoe firenena; ka singaniny ao anatin'izany ny teny malagasy sy ny fihavanana.

[lviii] Noah Webster (1789) "Dissertation on the English Language", pp. 397, 406: "appeal for a cultural as well as a political revolution (which) led to the adoption of a distinctive American mode of spelling" (cit. in History in Quotations, M.J. Cohen and John Major, (reprint. 2008), Weidenfeld and Nicolson, London.

[lix] Tsy manaja an'ireto fenitra ireto izy telolahy hoy i Raffarin :
"intransigeance francophone; demande de français dans le monde; pertinence de l'espace francophone" (Carnet de Jean-Pierre Raffarin; Site du Sénat, 28.05.2010).

[lx] Na tenin-drazana

[lxi] Tamin'izany fotoana izany dia tsy mbola nisy ny Lycee tsy miankina.

[lxii] in E.P. Thebault (1970), 3e edit. , Constitutions et Lois Organiques de la République Malgache, Accords et Convention Consulaire Franco-Malgaches, Titre I, Art. 2 "Le malgache et le français sont les langues officielles de la République Malgache", Codes Bleus Malgaches, Librairie de Madagascar.

[lxiii] in Lalampanorenana, Fizar. I, and. 4 "Ny teny Malagasy no tenim-pirenena", edit. 1993, Tranopirintim-pirenena, Antananarivo.

[lxiv] in "Charte de la Revolution Socialiste Malagasy (1975) : la malgachisation......aboutir à la consécration [d'un] 'malgache commun'. ..., [mais en attendant], l'on utilisera cumulativement le malgache officiel, le malgache dans ses variantes régionales, et le

français", pp. 83-85, Imprimerie d'Ouvrages Educatifs, Antananarivo.

lxv Isan'ny mpizaika : 4050 ka ny mpandatsa-bato manan-kery tamin'izany dia 2040 (isa ofisialy nambaran'ny Komity Mpandrindra tamin'ny lanonam-pamaranana tamin'ny faha-18 septambra 2010).

lxvi Titre Premier, Sous-Titre 2, Art. 6 (Projet de Constitution présenté par Le Comité Consultatif Constitutionnel, Sept. 2010)

lxvii Yearbook of the United Nations (YUN) 1946-47, p. 793

lxviii YUN 1970, p. 319

lxix Human Development Report 1990, p.1: "no one can guarantee human happiness".

lxxlxx Jereo Akademia Malagasy (2007) " Voambolana momba ny Fitondran-draharaham-panjakàna", Foibe momba ny Teny.

lxxi Marina fa mbola nisy tany Addis Ababa ny volana oktobra 2009 ary tany Pretoria ny volana aprily 2010, fa tsy asongadina eto satria ny teny nampisaina tany Maputo I ihany no notazonina taty aoriana, dia ny teny Frantsay izany.

lxxii Rajoelina, Ratsiraka, Ravalomanana, Zafy

lxxiii Ablassé Ouadraego (FA); Edem Kojo (OIF); Tiébilé Dramé (FM)

lxxiv Teti-pivoaram-pirenena 1974-77; Ny safidy Fotototra momba ny Fananganana Teti-Pivoarana Sosialista (1977-2000); Teti-Pivoarana Voalohany 1978-80

lxxvOhatra ny « Hono ho aho Andriamatoa Filoha » tamin'ny 25 jolay 2010 tany Mahajanga na « Hono ho aho Andriamatoa Filoha » tamin'ny 30 aogositra 2010 farany teto Antananarivo farany teo.

lxxvi Ny Gazetin'ny FFKM sy ny Komity Mpandrindra ny Fihaonambem-pirenena tamin'ny taona 1992 anefa dia saika tamin'ny teny Malagasy daholo na ny fonony na ny tao anatiny (Laharana manokana n.2 marsa 1992) : DINIKA FORUM, "Ento miakatra ity firenena ity".

lxxvii misy pejy 61 (iraika-amby enim-polo)

lxxviii « Projet de société » an'Antoko roa tsy tononon'anarana eto no nandalo teo ambany mason'ny mpanoratra.

lxxix "L'édifice que (le pays) essaie de bâtir"

lxxx in Ch. Barber (2005, 7th print.), The English Language, A Historical Introduction, Cambridge, p. 41

lxxxi Language and thought are inseparable.

lxxxii Afrikaans, English, isiNdebele, isiXhosa, isiZulu, Sesotha sa Leboa, Sesotho, Setswana, siSwati, Tshivenda ary Xitsonga (The Constitution of the Republic of South Africa, South Africa in Brief, 9th edit. 2010, 2nd. impression 2010).

lxxxiii Jereo koa i Roger-Bruno Rabenilaina (1993) in "Language – A doorway between human cultures": l'intégration des différents parlers, signes manifestes de l'unicité de la langue malgache, Novus Forlag, Oslo, pp.135-157

lxxxiv Jereo Denis A.H. Andriamandroso (1996) : An Actor-orientated Analysis of Development Failure: An Application of Interface Analysis to Development Project Evaluation in Madagascar, UEA, Norwich, Ph.D. Thesis.

lxxxv (1989) Encounters at the Interface, Wageningen University; (1992) Battlefield of Knowledge (with Ann Long, eds), London, Routledge; (2001) Development Sociology. Actors'perspectives, London, Routledge.

lxxxvi Na "Weltanschauung" amin'ny filosofia, na "vision du monde" amin'ny teny Frantsay.

lxxxvii Ahitana an'i Rtoa Lalao Randriamampionona, Noro Rakotoarijaona, Atoa isany Velompanahy Aristide sy José Rakotomavo

lxxxviii "Acta non verba"

lxxxix Ny tahan'habadoana rahateo tamin'izany dia mbola eo amin'ny 60% eo ho eo.

xc Octave Mannoni (1950), "La psychologie de la Colonisation", Editions Seuil.

xci Jereo André Randriantsalama (1984), La voie Malgache, Imprimerie Catholique, Antananarivo, "construction nationale: travail de longue haleine" à propos de la Malgachisation et de la démocratisation,, pp. 101-102

xcii Na dia teny Frantsay-Malagasy ihany koa no ampiasain'i Malaza.

xciii Dia mahagaga mihitsy ny mpifidy na aiza na aiza eran-tany. Mino izay kobaka am-bava ataon'ny mpilatsaka ho fidina foana izy, na dia efa fantany aza fa "ny toky fitaka fa ny atao no hita".

xciv Na sokajiana mpanjifa *(segment)* eo amin'ny resan- tsena *(marketing)*.

xcv Rado (25 jona 1994), "Ny Teny Malagasy: Fanentanana ny Fon'ny Vahoaka amin'ny Fampandrosoana", Akademia Malagasy, Antananarivo. Jereo ao amin'ny aterineto sept. 17/ 2008.

xcvi "The wisdom of generations".

xcvi Henry Kissinger (1996) Dipomatie (trad. française), Fayard, Paris.

www.ingramcontent.com/pod-product-compliance
Lightning Source LLC
Chambersburg PA
CBHW040127270326
41927CB00001B/16